DezaCon 2015

The Design Competition
for Students in Institute
of Technology

official book

デザコン2015

全国高等専門学校デザインコンペティション
in 紀の国わかやま＋AMデザイン部門夏大会

目次 Contents

デザコン2015 in 紀の国わかやま+AMデザイン部門夏大会　official book

4	刊行によせて 学生の「英知」「感性」「協力」を記録に残す ──「ささえる」 文：堀江 振一郎
6	大会趣旨 「CADコン」「アイデアコン」をデザコンに統合 ──デザコン和歌山大会の開催にあたって 文：齊藤 正美

空間デザイン部門

9	課題テーマ　地域強靭化のための道の駅デザイン
10	受賞作品 最優秀賞(日本建築家協会会長賞) 熊本高専(八代)『かしこみ　かしこみ　水神様』 優秀賞 有明高専『つなぐおもてなし──都会の道の駅』 釧路高専『道の駅・汽車の駅・川の駅　とうろ』 審査委員特別賞 舞鶴高専『Bicycle Station ──自転車がつなぐ地域の未来』 米子高専『ダイコン発　なかうみらいん』 石川高専『Portal──塔がつなぐ八の端初』
17	本選6作品

本選

23	審査総評 景観への配慮と災害時への実現可能な対応 文：髙砂 正弘
24	各審査委員の評価軸

予選

30	審査総評 地域強靭化のための道の駅デザイン 文：髙砂 正弘
32	予選通過作品講評 本選に向けたブラッシュアップの要望 文：髙砂 正弘
33	予選127作品
44	審査委員紹介

構造デザイン部門

45	課題テーマ　メタルブリッジコンテスト
46	受賞作品 最優秀賞(国土交通大臣賞)　米子高専『叶和夢』 優秀賞 徳山高専『繊月』 徳山高専『美環』 日刊建設工業新聞社賞　新居浜高専『銅夢橋』 審査委員特別賞 舞鶴高専『バケモノの弧』 小山高専『Reinforce FRAME』 都城高専『MIYAMA』

本選

52	審査総評 圧縮力に弱い銅を加工、接合、組立ての工夫で強化 文：岩崎 英治
63	本選48作品
75	審査委員紹介

創造デザイン部門

77	課題テーマ　生活環境を災害から守る
78	受賞作品 最優秀賞(文部科学大臣賞) 明石高専『酒蔵を守り、酒蔵に守られる』 優秀賞 米子高専『人は城！　人は石垣！　人は堀!!』 仙台高専(名取)『祭りで地域強靭化、 参加で住民協人化』 審査委員特別賞 明石高専『今日から君も「おはしも」ファイターだ!!』 和歌山高専『Challenge by rain water ──人を守る雨水』
83	本選5作品

本選

85	審査総評 自分たちの技術や知識をどう適用するか 文：細川 恭史

* 本書に記載している「高専」は、工業高等専門学校および高等専門学校の略称
* 本書の一部の表中の「高専名」欄では、工業高等専門学校および高等専門学校を省略
* 高専名は、「高専名(キャンパス名)」で表示
* 本書の高専名末尾に付いた(A)(B)は同じ高専の別チーム名
* 作品名は原則としてエントリーシートの記載の通り。一部、提出したプレゼンテーションポスターなどに合わせて修正

	新しい発想による多様な提案
	文：此松 昌彦
	アイデアの斬新さ、社会の仕組みへの理解
	文：馬場 健司
	予選
92	審査総評
	生活環境を災害から守る
	文：細川 恭史
93	予選通過作品講評
	本選に向けたブラッシュアップの要望
	文：細川 恭史
94	予選16作品
96	審査委員紹介

97 AMデザイン部門（秋大会）
課題テーマ　フライングプレーンⅡ
98　受賞作品
最優秀賞
沼津高専『Swallow Hornet』
優秀賞
一関高専『TSUBAME』
呉高専『ARATA号』
審査委員特別賞
旭川高専『鳳』
和歌山高専『S-3KT』

本選
103　審査総評
「対象」「条件」「結果」を巡る
技術者の4つの仕事
文：岸浪 建史
台車のキャッチ法、効率的なエネルギー転換
文：柳 和久
初速の重要性、トライアル＆エラーの繰返し
文：鈴木 新一
113　本選20作品
120　審査委員紹介

121 AMデザイン部門（夏大会）
課題テーマ　IT関連グッズ
122　受賞作品
最優秀賞　東京都立産業技術高専(A)
『パチッとシステム』
優秀賞　木更津高専(A)『電脳トマト』
特別賞
八戸高専(B)『高血圧予防スマートグリップ』
鶴岡高専(B)『晴山水』
岐阜高専『スマホケース〈奏〉』
奨励賞
函館高専(A)『by 3Digitizing(mimi)』
八戸高専(A)
『Helen(Help English Manual Alphabet)』
秋田高専(A)『SMART HEAT』
鶴岡高専(A)『Jig Sounds』
北九州高専(A)『BattleBot（バトルボット）』
129　本選1次通過5作品

本選
131　審査総評
多様な評価軸を顕在化する
文：田中 浩也
137　各審査委員の評価軸
138　本選20作品
143　審査委員紹介

145 付篇
146　開会式／特別講演会／
　　　学生交流会／表彰式・閉会式
148　大会スケジュールと会場
150　応募状況
152　過去の受賞作品（2004-2014）
156　デザコンとは？
157　デザコンの歴史

刊行によせて

学生の「英知」「感性」「協力」を記録に残す
―― 「ささえる」

堀江 振一郎（全国高等専門学校デザインコンペティション実行委員会委員長、和歌山工業高等専門学校校長）

被災経験のある地で改めて災害を考える
―― 「ささえる」

　今大会の開催地である近畿地方に大きな被害をもたらした1995年の阪神・淡路大震災から21年、また、2011年の東日本大震災からすでに5年が経つ。近年は、地震に限らず、想定を超える豪雨による災害、気温の上昇による被害などが続き、私たちが安心・安全な生活を送るための技術について見直しが迫られている。

　そうした状況を踏まえて、第12回全国高等専門学校デザインコンペティション（以下、デザコン）では、統一メインテーマを「ささえる」とした。技術者が持つすぐれた英知を尽くして、安心・安全な生活を「ささえる」、また、技術者の豊かな感性を尽くして、健康的で快適な生活を「ささえる」、さらに、技術者が互いに手をつなぎ、力を合わせることにより、災害を乗り越え未来へ発展しようとする人々の努力を「ささえる」――こうした技術者が解決すべき「ささえる」に関わる幅広い課題に応えるデザインを競い合った今大会は、実に若々しさにあふれるコンペになったと思う。

主管校の和歌山高専に近畿地区の高専が協力

　今回のデザコンは、和歌山市を舞台に、2015年11月14日、15日の2日間にわたり、盛大に開催された。今回は和歌山高専を主管校として近畿地区の国公私立6つの高専の協力を得て、空間デザイン、構造デザイン、創造デザイン、AMデザイン（秋大会）の4部門において、全国の高専の学生たちがデザインを競い合った。今年から新たに加わったAM（Additive Manufacturing）デザイン部門は、これまでデザコンとは別に独立して運営されていた3次元ディジタル設計造形コンテスト、3Dプリンタ・アイディアコンテストが、デザコンに統合されて生まれた部門である。

　デザコンは、モノづくり、コトづくりの起点であるデザインを中心に据え、エンジニアをめざす全国の高専の学生たちが、教室で学んだ知識を活用して現実社会の具体的な課題を解決するため、知恵を絞って技術を競い合う場である。このデザコンは、高専の世界では、ロボット、プログラミング、英語プレゼンテーションの3つのコンテストと共に通称「4大コン」の1つとして定着し、高専の学生の高度な技術を目に見える形で紹介する場となっている。

オフィシャルブック刊行の意義

　無事に大会を終えて、このオフィシャルブックを刊行する運びとなったことを、参加学生はじめ、すべての関係者の皆様と共に喜びたい。

　大会のすべてが詳細に記録されている本書は、次大会以降に参加する学生にとってはもちろん、指導する教員にとってもこれ以上ない指針として大いに参考にしてもらえるものだと信じている。本書によって各競技のレベルアップがさらに進むとしたら、これに勝る喜びはない。

　また、本書によって、全国の高専の一大イベントであるデザコンが広く社会に認知されることを、大いに期待したい。社会の現代的な課題に

　も応え得るエンジニアリングの試みが、本書によってわかりやすい形で総覧できることは、一般市民の技術に対する関心の盛り上がりに資するものがあるだろう。

　本書の制作にあたっては、各部門の審査委員にも引き続きご協力を賜った。そして、大会運営に引き続き尽力してくれた、主管校のみならず専門部会*1の幅広い分野にわたる教員たちの熱意により形をみることができた。また、2013年の大会と同様に、株式会社建築資料研究社／日建学院には、刊行を引き受けていただいた。このように、本書もまた多くの人々に「ささえられ」て誕生したのである。

　最後になるが、この場を借りて、今大会の開催にご支援ご協力を賜った文部科学省、国土交通省、経済産業省をはじめ多くの関連団体、企業の皆様、並びに各部門の審査委員の皆様に対し、お礼を申し上げたい。

註
＊1　専門部会：デザコンの中・長期的なビジョンの策定、継続的な運営に必要なスポンサーの獲得や仕組みの立案、および開催校への助言、提言などを行なう。デザコンの円滑な運営を補助することを目的に、デザコン実行委員会の下部組織として2014年に設置された。

大会趣旨

「CADコン」「アイデアコン」をデザコンに統合
―― デザコン和歌山大会の開催にあたって

齊藤 正美（全国高等専門学校デザインコンペティション専門部会会長、米子工業高等専門学校校長）

28年の歴史あるデザコンに新たな1ページ

　今年の全国高等専門学校デザインコンペティション（以下、デザコン）は、夏大会として8月26日（水）に八戸高専が世話校として仙台の東北大学で、また秋大会として11月14日（土）から15日（日）の2日間、和歌山県民文化会館を会場に和歌山高専を主管校として開催された。はじめに、本大会を企画・運営した両校の教職員、審査委員、並びに参加学生ほか多くの関係者に、紙面を借りて感謝申し上げる。

　さて、このデザコンは、1977年に明石高専と米子高専が学生の建築設計に関する技術の向上と創造性の育成をめざして始めたものである。その後、石川高専と呉高専が加わった「四高専建築シンポジウム」として引き継がれ、1999年からは建築系学科のある多くの高専に呼びかけ「建築シンポジウム」として公開設計の形で行なってきた。これらの大会では、有名な実務専門家からの指導を直接受けることにより学生に刺激と励ましを与えることと、学生相互の理解・研鑽をその目的としてきた。そして、2004年には建設系も含めた総合的な大会として編成し直し、その第1回大会を石川高専のお世話の下で開催。現在のデザコンの母体ができあがった。

「CADコン」「アイデアコン」がデザコンのAMデザイン部門に

　一方、2011年の釧路大会で、デザコンと同一日に開催された「3次元ディジタル設計造形コンテスト」（通称、CADコン）は、当時黎明期にあった3Dプリンタを造形装置として採用した3次元設計技術の向上をめざした大会として、2008年に沼津高専と長野高専の発案により始まったものだ。なかでも、3Dプリンタの特性と特長を利用した設計課題を出していたことは、当時、先進的な取組みであったと言える。その後、2013年のデザコン米子大会以降、両大会は同一日に同会場で開催されるようになり、両者の統合の検討が始

まった。加えて、八戸高専を世話校として2014年から開催するようになった「3Dプリンタ・アイディアコンテスト」(通称、アイデアコン)は、プレゼンテーションを主体とした大会として企画・運営されていたが、関係者による意見交換と議論の末、CADコンとアイデアコンを融合して「AM (Additive Manufacturing)デザイン部門」として従来のデザコンと統合し、エンジニアリングデザイン教育という理念のもと1つの大会として運営することとなった。今年度はその初年度として、空間デザイン部門、構造デザイン部門、創造デザイン部門、そしてAMデザイン部門(夏大会：仙台、秋大会：和歌山)という4部門の企画運営により開催された(来年度からは、AMデザイン部門の夏大会は秋大会に統合される予定)。

結果だけでなく経験を力に

　全国の高専が、独自にデザコンを開催する目的としては、「学生の相互研鑽・相互理解を通し、エンジニアリングデザインと課題解決型の人材の育成をめざすこと」に加え「地域の課題・創造・発展に寄与すること」を掲げている。今後も、専門部会*1としてデザコンを活用し、学生のめざすべき大会となる有益な教育の場を提供しようと考えている。関係各位には、今後ともデザコンにご協力とご支援を賜るようお願いしたい。

　最後に、大会に参加してくれた学生諸君、結果は関係なく、その努力は自らの力となり、きっと将来への力になる。このオフィシャルブックを見て今大会で入選した作品群をよく研究し、さまざまなものを吸収してほしい。次回の大会では、その成果をもとに、すばらしい作品の応募を待っている。

註
*1　専門部会：本書5ページ註1参照

Space Design Competition
空間デザイン
部門

課題テーマ：地域強靭化のための道の駅デザイン

Category **01**

「道の駅」は、道路利用者のための「休憩機能」、道路利用者や地域住民のための「情報発信機能」、町と町とが手を結び活力ある地域づくりを共に行なうための「地域の連携機能」という3つの機能を併せ持つ休憩施設として運用が開始された。その後、2004年10月に発生した新潟県中越地震の経験に基づく「防災機能」の追加・強化だけに留まらず、探鳥やウォーキング、サイクリングなどの「交流活動拠点機能」「日本風景街道拠点機能」といったように、「道の駅」に求められる機能の多様化が進んでいる。さらに、2014年には「地域外から活力を呼ぶゲートウェイ型」と「地域の元気を創る地域センター型」の「道の駅」の新たな設置やリニューアルに対して総合的に支援する、「道の駅」による「地方創生拠点の形成事業」（国土交通省）がスタートした。

以上のことから、平常時は観光振興や地方移住促進、地域住民の日常生活支援の拠点として、非常時（災害時など）は地域住民の防災拠点として、あらゆる場面において役立つ（機能を発揮する）ことが求められている。この休憩施設が個性豊かなにぎわいのある空間になることにより、活力ある地域づくりや道を介した地域連携が促進される地域の核としての「道の駅」のデザインの提案を求める。

審査委員長より

自動車で移動していると、必ず立ち寄るのが「道の駅」である。そこにはレストランや休憩する場所があり、地域の特産品などが販売され、ドライバーや周辺地域の人たちに親しまれている。しかし、その地域や場所の特性を表現した建築は少なく、より良い景観づくりにはあまり貢献していない。そこで今回は、ハイウェイのサービスエリアとは違い、地域の特徴を表現し、地域の人たちにも役立つ「道の駅」を、駐車場と共に提案してほしい。

（髙砂 正弘）

タイムライン Timeline

予選応募 2015.08.31-09.28

予選応募作品 **139**

予選審査 2015.9.28

本選出場作品 **12**

受賞作品 **6**

本選審査 2015.11.14 ポスターセッション 2015.11.15 プレゼンテーション 公開審査

最優秀賞（日本建築家協会会長賞）
熊本高専（八代）：かしこみ　かしこみ　水神様

優秀賞
有明高専：つなぐおもてなし —— 都会の道の駅
釧路高専：道の駅・汽車の駅・川の駅 とうろ

審査委員特別賞
舞鶴高専：Bicycle Station —— 自転車がつなぐ地域の未来
米子高専：ダイコン発 なかうみらいん
石川高専：Portal —— 塔がつなぐ八の端初

最優秀賞
日本建築家協会会長賞

015 | 熊本高専（八代）
かしこみ　かしこみ　水神様

◎元嶋 太一／井島 拓也／島田 景冬／許斐 ももこ [建築社会デザイン工学科4年]
担当教員：森山 学 [建築社会デザイン工学科]

| 審査講評

高砂 正弘：氾濫や事故などを防ぐために暗渠となった川を開渠に戻し、それによってできた親水空間を道の駅にして、旧城下町を活性化する試みはユニークである。ストーリーと図面の表現には一貫性があり、わかりやすく、良い提案である。

しかし、建物の外形に埋められた、かつての水源「ひょうたん淵」からイメージした瓢箪形を用い、段差の処理に大きな擁壁を作るなど、歴史や景観の扱いが短絡的なように思われた。

優秀賞

005 | 有明高専
つなぐおもてなし——都会の道の駅

◎三栗野 鈴菜／吉川 みくる[建築学科5年]
担当教員：鎌田 誠史[建築学科]

|審査講評|

木下 光：福岡市の中心市街地のケーススタディとして、民間の立体駐車場を道の駅として活用するという魅力的なアイデアが提案された。防災は非日常的なものではなく、大都市における帰宅困難者のように、いつ起きてもおかしくない日常の問題を想定すると、立体駐車場が十分に避難場所となり得る可能性を示したこの提案はリアリティが高く、着眼点がすばらしい。立体駐車場の空間構成を正確に分析・理解し、「ぬく」「重ねる」「さす」「分ける」という4つの明確な設計手法で、魅力的な空間にコンバージョン（用途転換）することにも成功している。

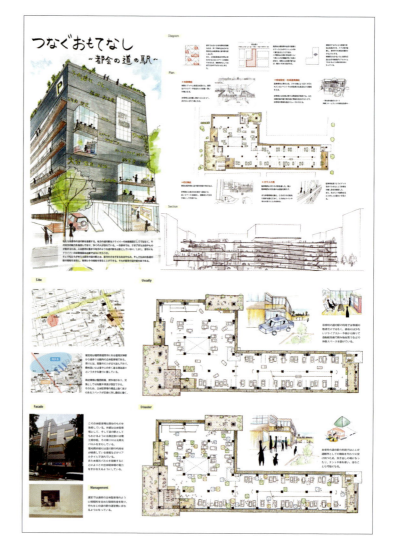

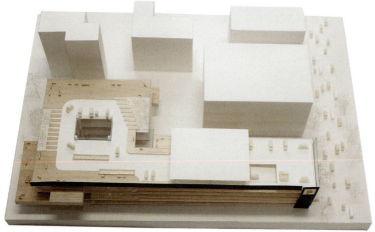

優秀賞

108 | 釧路高専
道の駅・汽車の駅・川の駅 とうろ

◎森 惟博 [建築学科5年]
担当教員：西澤 岳夫／馬淵 大宇 [建築学科]

審査講評

寺沢 直樹：毎年、釧路湿原などを目指して10万人の観光客が訪れるエリア。汽車の駅、カヌーの盛んな川といった地域の特徴を生かして、道の駅と一体的に、かつ円を重ねて3つの駅としての機能が明確に示されたデザインとなっている。わかりやすく適正なスケール感の計画だと思った。さらに、地域医療を助けるドクターヘリや、キャンピングカー用の駐車スペースの提案など、いろいろ考えられていて興味深かった。

審査委員特別賞

063 | 舞鶴高専
Bicycle Station ——自転車がつなぐ地域の未来

◎竹内 正彦（3年）／松浦 隼人（4年）／齋藤 タクヤ／谷口 竜一（1年）[建設システム工学科]
担当教員：尾上 亮介[建設システム工学科]

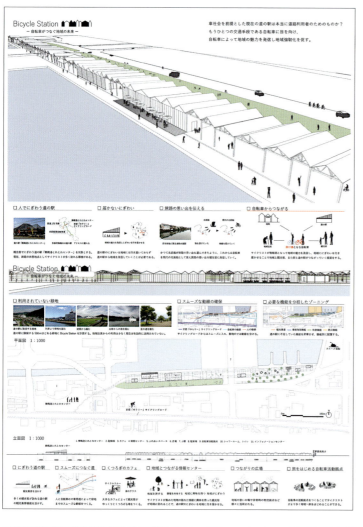

審査講評

寺沢 直樹：サイクリングロードが整備され、自転車のイベントで盛り上がっている地域の現状をしっかりととらえており、道の駅の機能と連携して、さらに活性化していこうという考えがよく伝わってきた。また、自転車利用者を考えた施設計画については、実際に具体的なニーズを把握した上で、一般の利用者への影響も考慮しながら設計していくと、よりよいものになると感じた。

審査委員特別賞

079 | 米子高専
ダイコン発 なかうみらいん

◎野津 美晴［建築学専攻専攻科1年］
担当教員：高増 佳子［建築学科］

｜審査講評｜

木下 光：島根県の中海干拓事業の中止に伴い残された護岸道路を、大根島を中心とする中海のネットワークとして利活用するという提案であり、その発見的視点を評価したい。この提案によって大根島だけでなく、中海沿岸も活性化されるだろう。しかし、提案された分散型の道の駅は、選んだ敷地とは無関係にモデル化されたユニットが配置されている。選んだ敷地と海および道路との断面関係を把握し、場所性を引き出した道の駅が提案されていれば、中海の地域性と固有性をより表現できたと思われる。

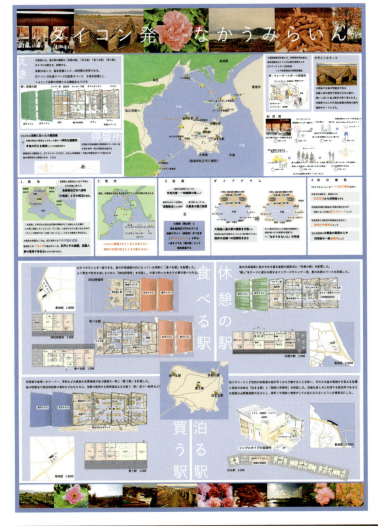

審査委員特別賞

116 | 石川高専
Portal——塔がつなぐ八の端初

◎大伏 玄泰／楠 拓也／河野 誠(5年)／
山本 拓也(4年) [建築学科]
担当教員：内田 伸 [建築学科]

|審査講評|

髙砂 正弘：2つの軸線を屋根と外壁に用いて、道の駅と街とをつなごうとした明解な提案である。敷地周辺の倉庫の屋根に沿った軸線と、金沢港の2つの埠頭を結ぶ軸線だが、何も知らない利用者が、そのことを感じられるような計画にはなっていない。また、建物の中心にあるシンボル的な塔には用途がなく、利用されていないのが残念だった。外壁には、近くの無量寺町の民家に使われているスギの下見板を使っているが、周辺の景観とつなぐだけの力はないと感じた。

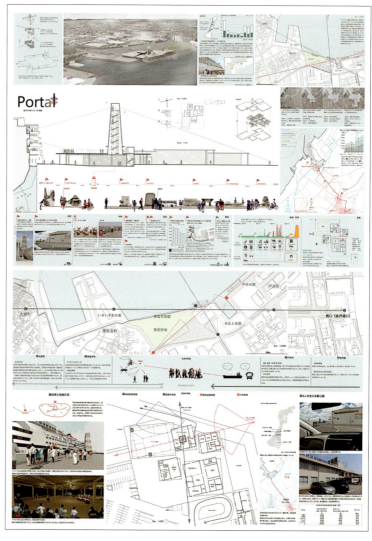

本選6作品

本選作品

009 | 熊本高専（八代）
in ふぉーれすと

◎西田 みずき／藤井 祐稀／山口 ちはる／伊福 祥 [建築社会デザイン工学科4年]
担当教員：下田 貞幸 [建築社会デザイン工学科]

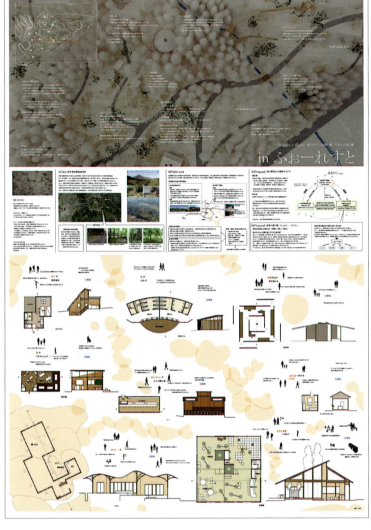

| 審査講評 |

木下 光：道の駅を通して防災および観光面から、熊本県の高森町を位置づけようとする意欲的な提案である。阿蘇を広域的にとらえ、調査分析を通して、既存の道の駅と連携する提案を導き出している設計プロセスがすばらしい。森の中に道の駅の機能を分棟化し、景観にも配慮した空間構成であるが、提案する敷地内で完結させずに、「阿蘇の森の中に、提案する道の駅と既存の道の駅が群となって連携する」というコンセプトを空間化することに挑戦してほしかった。

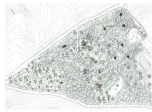

本選作品

038 | 明石高専
雲海に沈む浮き橋

◎福岡 優 [建築学科4年]
担当教員：八木 雅夫 [建築学科]

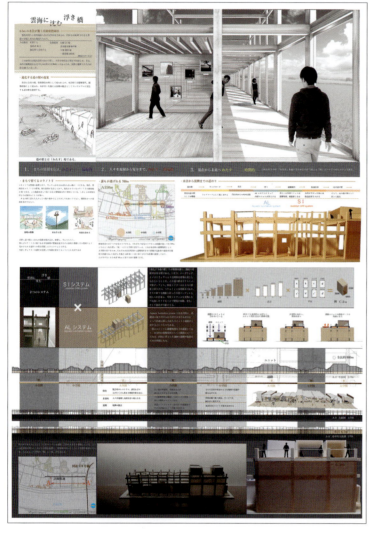

審査講評

木下 光：兵庫県の豊岡における河川氾濫（最高水位6.5m）が再度起きたとしても、地域住民の生命を守るために、グリッド状のスケルトン（骨格）をつくり、インフィル（内装）が浮き床となって水害時に対応するという工学的な提案である。川と集落の間を帯状に展開する道の駅が防災拠点として機能することは明確だが、常時にどのような道の駅なのか、その構造体が景観としてどのような風景になるのか、システムの提案に留まったことが惜しかったが、白熱した議論を喚起したことは高く評価したい。

本選作品

078 | 仙台高専（名取）
反転してつなぐ

◎庄司 薫平（5年）／佐藤 亮介（4年）／高橋 花織（2年）／加藤 美鈴（1年）[建築デザイン学科]
担当教員：坂口 大洋 [建築デザイン学科]

審査講評

寺沢 直樹：長年にわたって地域に愛され、閉館した宮城県の松島水族館の既存施設を活用し、さらに水槽と通路を反転させた施設配置をするという設計はおもしろいアイデアだ。審査の際にも講評があったが、そのアイデアをもっと明確にデザインに反映し、さらに日本三景松島の景観という地域のすばらしい観光資源を活かすなどしていけば、もっと地域の特徴がはっきりと表れた道の駅になると感じた。

本選作品

087｜呉高専
まちのわ ── 尾道のアーケードのリノベーションによる都市空間再考

◎茂木 友寛／田端 啓梧／藤林 薫［建築学科4年］
担当教員：間瀬 実朗［建築学科］

|審査講評|

寺沢 直樹：全国各地で課題となっている中心市街地の活性化と道の駅を連携させたよい提案だ。アーケード商店街という立地において、道路利用者に対して道の駅の機能の1つである休憩機能を手頃に使い勝手よく提供するという視点を持ち、その上で立ち寄った人たちがアーケードを回遊してみようと思える仕掛けづくりをもっと考えてみると、よりよい計画になるのではないかと感じた。

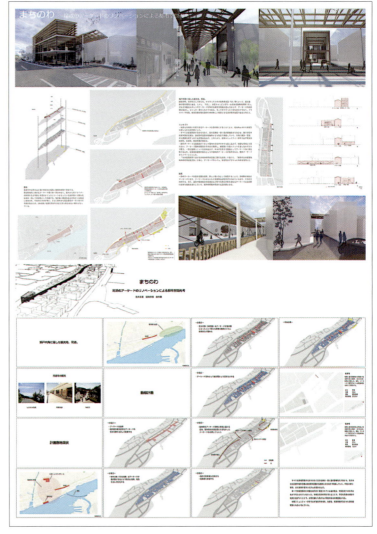

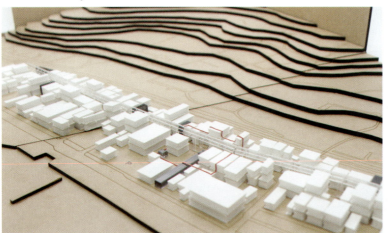

本選作品 | 113 | 石川高専

fablic vita —— 防災を日常に織り込むdepot（道の駅）

池尻 謙太／白井 陽希／山本 歩未［建築学科5年］／◎美作 天地［環境建設工学科2年］
担当教員：熊澤 栄二［建築学科］

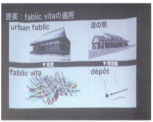
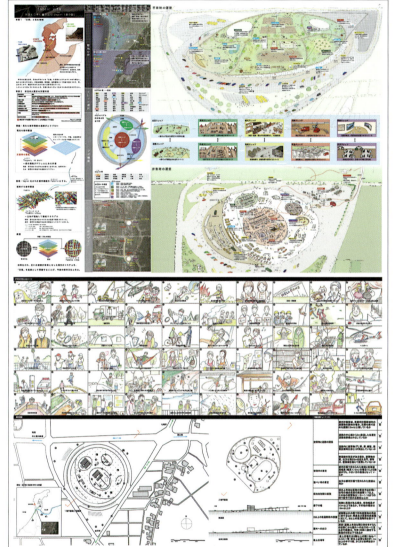

審査講評

木下 光：石川県における原発を対象として、東日本大震災のような災害が起きた際に対応できる道の駅はあり得るのかという大変難しい社会問題を、正面から取り上げた提案である。そして、さまざまな行為や機能が結びつくことで、新しい都市機能が生まれるデポ（depot）という人のふるまいに着目した考え方を空間化しようとした意欲的な姿勢にも好感が持てる。その一方で、巨大な道の駅がネットワークを前提とするデポのコンセプトと一致し得なかったことが残念だったが、プレゼンテーションにおける模型やビデオ制作など、チームの頑張りに敬意を評したい。

本選作品

137｜明石高専
みちとまちのえき

◎本田 茉里香［建築学科4年］
担当教員：八木 雅夫［建築学科］

｜審査講評｜

寺沢 直樹：地方の街の空き地・空き家の問題に着目し、それらを活用して道の駅を構成するというのはとても良い視点だ。他の家などがある街の中での計画であることを踏まえ、道の駅への往来の方法、駐車場を含めた利用方法、あるいは近隣の観光スポットへの案内など、利用者目線でさまざまな角度からシミュレーションすると、よりよいデザインになるのではないかと感じた。

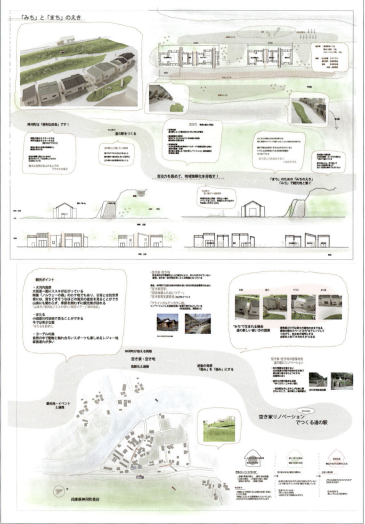

景観への配慮と災害時への実現可能な対応

本選 審査総評

髙砂 正弘（審査委員長）

　今回のテーマは、道の駅のデザインと、それによる地域の強靭化を求めたものである。その場所の景観と災害時の対応について深く考え、適切な形を提案し、実現できることが必要であった。

　これらの要求に応え、本選に進んだ12作品は、それぞれ完成度が高く、難しい審査になった。その作品は、どのように計画したかによって、以下の4つのパターンに分けることができる。

①最も多かった、地域の文脈を読み取り、新たに建築を提案したもの。その中には、敷地周辺の環境や遺構、景観の一部を「カット＆ペースト」するだけで、その内容を設計者が消化することなく、使っている案もあった。

②最近、実際の計画でもよく見られる分棟案である。機能ごとに分けた複数の建物を広い敷地に配置し、道だけで建物をつないで1つの施設としてまとめるというもの。実際に道の駅として機能するかが疑問だった。

③地域の強靭化にこだわった案。防災に対する備えに片寄り過ぎた結果、既存の風景の中では建物の存在感が強すぎて、通常時には使いにくいように思われた。

④地域にある産業遺産や民家に手を加え、道の駅として再利用するリノベーション案。既存の力を借りるので提案しやすいと思われたが、審査委員から「これは道の駅ではない」という意見も出た。

　公開審査では、各提案の設計者から聞いた追加コメントに対して審査員が寸評を述べ、投票をした。その結果、受賞6作品が決まった。その内の4作品は、①新たな建築の提案で、しっかりと地域の特徴を読み込み、その場所に現在はないが必要とされているものを見つけ出し、適切なスケールとデザインで、建築やランドスケープとして表現していた。それ以外のパターンの案では不具合が多く、②分棟案と④リノベーション案から、各1作品が入賞した。

　しかし、いずれの提案にも道の駅の新たな使われ方や新たな考え方はなく、道の駅と駐車場にも、今までと違う関係性がなかったことが残念である。その原因は、すでに道の駅というビルディングタイプが、世の中に定着してしまったからなのかもしれない。

各審査委員の評価軸

髙砂 正弘

　建築をつくることで大切なのは、人と場所との関わり方だと思っている。そこで、審査にあたっては、道の駅が必要とされる場所で、適切な規模の使いやすい計画になっているかに関心があった。また、その場所に相応しい形とデザインになっているかも気になる。さらに、今は良くても、数十年後に廃墟になっては困る。実際に、そうなってしまったところもある。

　それらのことを踏まえて、適切なアイデアをもとにコンセプトをつくり、末永く使われる建築になっている作品を評価した。

木下 光

　道の駅が、常時には地域コミュニティや地域経済にとって不可欠な存在であり、非常時にはどのような防災に対応できる建築であるかを示すことがテーマであった。一般論としての防災から抜け出せなかった場合、あるいは防災に主眼を置き過ぎるあまり、どのような道の駅であるかを具体的に示せなかった場合は、課題にうまく答えられなかったと思われる。

　そして、提案敷地を選定する上で、なぜその場所でなければならなかったのかを明確に示し、コンセプトを具体的に空間化できたかどうかが評価軸であった。

寺沢 直樹

　地形や気象、歴史や文化、観光スポットやイベント、あるいは過去の災害履歴、まちづくりの課題など、各地域の特徴をどのようにとらえているか、そしてその特徴をどのように道の駅の計画に反映しているかという点を最も重視した。具体的には、それぞれの地域の特徴を踏まえて道の駅をデザインするストーリーに対する納得感、利用者目線での使い勝手や魅力、規模の適正さというところが私の評価軸である。

　各提案とも敷地のある地域の特徴はよく把握・理解できており、それを計画に反映するため、さまざまなことを考えたことが伝わってきた。もう少し広域的な視点を持ち、大事にするポイントを絞った計画とすれば、もっとすばらしいものになると思った。

開催概要

空間デザイン部門概要

課題テーマ	地域強靭化のための道の駅デザイン
審査委員	髙砂 正弘 [委員長]、木下 光、寺沢 直樹
応募条件	4人までのチームによるもの
応募数	139作品（331人、25高専）
応募期間	プレゼンテーションポスター提出期間：2015年8月31日（月）～9月7日（月）
設計条件	(1)「道の駅」の基本3要素：休憩機能、情報発信機能、地域の連携機能と防災機能を有すること (2) 上記 (1) の他に、その他の機能を自由に組み込んでよい (3) 提案する「道の駅」は新設でも既存の「道の駅」の改修案でもよい (4) 提案の立地や規模などは独自の調査に基づいて十分な理由づけを行ない、実現可能性を踏まえること

本選審査

会場	和歌山県民文化会館 3階特設会議室
本選提出物	模型：平面の大きさはA1判以下 最新版のプレゼンテーションポスター：A1判パネル1枚（横向き）。3mm厚のスチレンボードに貼りパネル化。予選応募のプレゼンテーションポスターをブラッシュアップしたもの 補足用のプレゼンテーションポスター：同上の仕様で、枚数制限なし 画像等のデータ：最新版のプレゼンテーショポスターと補足用のプレゼンテーションポスターの画像データ、プレゼンテーション審査使用データ（パワーポイントなど）
展示スペース	模型展示：幅180cm×奥行90cm×高さ70cmのテーブル ポスター展示：幅90cm×高さ210cmのパネルボード2枚。テーブル背面に設置
審査過程	参加数：12作品（33人、9高専） 日時：2015年11月14日（土） ①ポスターセッション 13：30～17：00 日時：2015年11月15日（日） ②プレゼンテーション 9：00～12：00 ③公開審査 13：00～14：00

本選 概要

審査委員 vs 学生：
真剣なやりとりに議論も白熱

準備に余念のない12チーム

本選は、ポスターセッション、プレゼンテーション、公開審査の3つの審査過程で構成される。予選を通過した12作品は、予選審査の際の審査委員のコメントに基づいてブラッシュアップしたポスターと模型で本選に臨むこととなった。

本選に参加する12作品を制作した学生たちは、受付を開始する9：30には本選会場に来場し、11：00に始まる開会式までの時間を有効に活用して、ポスターの展示や模型の最終調整と設置、ポスターセッションでの説明の練習などを行なっていた。

ポスターセッション

ポスターセッションでは、作品番号順にチームのメンバー（人数制限なし）がプレゼンテーションポスターと模型を使って作品について説明し、審査委員はそれに対する質疑応答をした上で審査する。各チームには説明7分、質疑応答8分の合計15分が与えられた。4作品ごとに休憩を挟み、審査委員が常に全力で審査に臨めるように配慮された。

ポスターセッションでは、学生と審査委員との間で非常に熱のこもった議論が交わされた。一方、審査待ちの学生たちは、強い関心を持って静かに審査中の議論を注視していた。参加学生に学びへの強い意欲が見受けられたように、審査という枠を超えた教育的効果をもたらすとともに、会場全体に強い一体感を生んだポスターセッションとなった。

プレゼンテーション

2日めは、審査に先立ち8:30〜9:00の間で、各チームがプレゼンテーションで使用するパソコンの接続確認を行なった。

プレゼンテーションでは、参加12チームのメンバー（人数制限なし）が、作品番号順に、ノートパソコンと模型を使って作品について発表。審査委員は質疑応答を経て、審査する。各チームには、説明7分、質疑応答6分、模型の設置1分の合計14分が与えられた。6作品ごとに休憩を挟み、審査委員の負担軽減に配慮した。

プレゼンテーション審査では、各チームから、ポスターセッション審査での議論に基づいてブラッシュアップされた説明用資料（パワーポイントや動画）と模型を駆使したユーモアと熱意あふれる説明が展開した。また、ポスターセッション審査と同様に、学生と審査委員との間で激しくも有意義な議論が繰り広げられた。

公開審査

プレゼンテーション審査終了の1時間後に公開審査が行なわれた。公開審査では、まずはじめに、審査委員から出展作品に対する総合的所見（評価や印象など）が述べられた。続いて、参加作品の最終アピールや補足説明をするための時間が設けられ、そこで改めて審査委員と参加者との熱い議論が交わされた。

その経緯をもとに、審査委員による投票が行なわれた。ホワイトボードに貼り付けられたA0判の評価表（各作品番号、作品タイトル、高専名、投票欄が記載されたもの）が用意され、各審査委員はそれぞれが推す上位3つの作品に、それぞれ1票ずつ合計3票を投票した（表1参照）。その結果、熊本高専（八代）『かしこみ かしこみ 水神様』（015）が3票、有明高専『つなぐおもてなし——都会の道の駅』（005）と釧路高専『道の駅・汽車の駅・川の駅 とうろ』（108）が2票、舞鶴高専『Bicycle Station——自転車がつなぐ地域の未来』（063）と石川高専『Portal——塔がつなぐ八の端初』（116）が1票となった。投票後、各審査委員から自身が投票した作品についての講評があった。

その後、各賞の決定については、まず、投票結果に基づいて、3票を獲得した熊本高専（八代）『かしこみ かしこみ 水神様』（015）が最優秀賞、2票を獲得した有明高専『つなぐおもてなし』（005）と釧路高専『道の駅・汽車の駅・川の駅 とうろ』（108）が優秀賞に決まった。

続く、審査委員特別賞については当初2作品の予定だったが、審査委員が3人いることと、いずれの作品も甲乙が付け難かったことを理由に、3つの作品に授与することとなった。その結果、1票を獲得した舞鶴高専『Bicycle Station』（063）と石川高専『Portal』（116）の2作品に加えて、木下審査委員の推薦により、米子高専『ダイコン発なかうみらいん』（079）の3作品が審査委員特別賞に決まった。

（伊勢 昇 和歌山高専）

表1　上位3作品を選ぶ投票（1人3票）

作品番号	高専名（キャンパス名）	高砂	木下	寺沢	合計	受賞
005	有明	●	●		2	優秀賞
009	熊本（八代）				0	
015	熊本（八代）	●	●	●	3	最優秀賞（日本建築家協会会長賞）
038	明石				0	
063	舞鶴			●	1	審査委員特別賞
078	仙台（名取）				0	
079	米子		○		0	審査委員特別賞
087	呉				0	
108	釧路		●	●	2	優秀賞
113	石川				0	
116	石川	●			1	審査委員特別賞
137	明石				0	

＊表中の高専名は、工業高等専門学校および高等専門学校を省略　　＊●は1票
＊○は急遽、審査委員特別賞を3つに増やしたために、追加で投票された1票

地域強靭化のための道の駅デザイン 予選 審査総評

髙砂 正弘（審査委員長）

　全国から139作品の応募があり、地域活性化のためにさまざまな工夫をこらした道の駅を、楽しみながら審査することができた。応募作品全体を見渡すと、「従来の道の駅のデザインを見直したもの」「今ある地域資源を活用し、それらをつなぐ拠点にするもの」「新たな場所に、新たに作ったもの」など、規模の大小はあるが、大きくいくつかのパターンに分けることができる。

　評価の基準としては、地域や環境のことを考え、そこでの問題点を見つけ出し、道の駅を作ることで改善された計画と、現実的ではあるが、少しだけ先を見据えたアイデアのある計画が評価されることが多かった。一方、現実的ではあるが、すでにある道の駅と同じような計画は評価されなかった。

　本選へ進む12作品は、それぞれ力作である。ただし、いずれも机上の計画による独り相撲の感があり、提案にあまり説得力がなかった。さらに、ダイアグラムを使った地域活性化の説明が多く、その内容が建築やランドスケープの計画、デザインに生かされていないことが気になる。言い換えると、道の駅という看板のような建築が多い気がする。そこで、計画や図面をブラッシュアップする前に、もう一度、現地を訪ね、敷地のまわりをよく見て分析してほしい。その上で場所やアイデアに相応しい建築とランドスケープを検討し、その空間デザインを図面や模型にしっかり表現してもらいたい。

予選審査経過

　予選審査は、3段階の審査により選出された作品をもとに3人の審査委員の協議を通して本選に参加する作品を決定するという方法で行なわれた。

　まず1次審査では、各審査委員が応募された全139作品を審査し、それぞれ10作品ずつを推薦。合計21作品を選出した。2次審査で、それらに対して審査委員が意見交換をして8作品に絞り込んだ。

　3次審査では、1次審査で誰も推薦しなかった作品を見直し再検討の上、追加で9作品を選出。2次審査で保留にした13作品と合わせた22作品を、同じようなパターンの提案ごとに選別し、グループ分けを行なった。そして、同じパターンの作品ばかりに偏らないよう予選通過作品全体のバランスに配慮しながら、協議の上で22作品の中から4作品を選出。2次審査で選出した8作品と合わせて最終協議の上、本選へ進む12作品が決定した。

（伊勢 昇　和歌山高専）

開催概要(予選)

予選審査

日時	2015年9月28日(月) 10:30〜17:00
会場	和歌山工業高等専門学校　大講義室
事務担当	伊勢 昇（和歌山高専　環境都市工学科）
予選提出物	プレゼンテーションポスター（A1判パネル1枚〈横向き〉。3mm厚のスチレンボードに貼りパネル化）、プレゼンテーションポスターの画像データ
予選通過数	12作品（33人、9高専）

予選通過作品講評
本選に向けたブラッシュアップの要望
髙砂 正弘（審査委員長）

005｜有明高専
『つなぐおもてなし
——都会の道の駅』
立地と道の駅の必要性がわかる。広い範囲の配置計画を示してほしい。また、常時と非常時の運営の仕方を示してほしい。都会で、どのような防災を想定しているのか示してほしい。

009｜熊本高専（八代）
『in ふぉーれすと』
敷地全体の平面図と断面図を正確に示してほしい。点在する施設の関係がわからない。

015｜熊本高専（八代）
『かしこみ　かしこみ　水神様』
暗渠だった川を開渠に戻すというアイデアはユニーク。その川を活用した計画を示してほしい。空中デッキに魅力を感じないので、もっと水辺の計画を発展させてほしい。瓢箪形にこだわり過ぎないほうがよい。

038｜明石高専
「雲海に沈む浮き橋」
日常時の楽しさが伝わってこない。また、水かさが増しても、利用できるのだろうか。駐車場がどこにあるかがわからない。

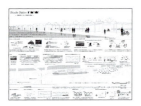

063｜舞鶴高専
『Bicycle Station
——自転車がつなぐ地域の未来』
高架道路と計画施設の関係がわからないので、断面図に示してほしい。また、敷地は海辺のようだが、災害への対応について、考えていることはあるのか。

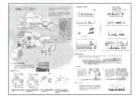

078｜仙台高専（名取）
『反転してつなぐ』
「反転」とは、単なるリノベーションという意味なのか。「地と図の反転」とも読めるので、その考えで計画を発展させられないだろうか。また、災害時に2階は安全で、避難所として活用するつもりなのか。

079｜米子高専
『ダイコン発 なかうみらいん』
個々の楽しさは伝わってくるが、提案している具体的な計画がよくわからない。敷地にはめ込んだ施設の平面図や断面図を示してほしい。休憩の駅は、仮設のようにも見える。また、駐車場はどこにあるのか。それらを具体的に示してほしい。

087｜呉高専
「まちのわ
——尾道のアーケードの
リノベーションによる都市空間再考」
既存の商店街や店舗がどのような感じなのか、写真などで示してほしい。空き店舗と駐車場の計画を平面図と断面図で示してほしい。単なる商店街の活性化の計画にならないように。

108｜釧路高専
『道の駅・汽車の駅・川の駅 とうろ』
周辺との関係を示してほしい。平面図の方位を配置図と同じ向きに合わせて、そこに道や川、デッキなどを描いてほしい。また、各図を整合させてほしい。屋上緑化は必要だろうか。

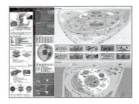

113｜石川高専
『fablic vita
——防災を日常に
織り込むdepot（道の駅）』
スケール（縮尺）のわかる平面図と断面図を作成してほしい。1つの大きな街の計画のようにも見えるが、課題では実現することを求めている。広くて、真っ暗な1階を、普段はどのように使うのかも示してほしい。

116｜石川高専
『Portal
——塔がつなぐ八の端初』
フェリーターミナルとは違う、道の駅としての利用方法を示しほしい。室名の入った平面図も描いてほしい。また、周囲の街とのつながりも示してほしい。

137｜明石高専
『みちとまちのえき』
空き家を利用したユニークな計画だ。実際にどのような街なのかがわかるよう、写真や図面で示してほしい。また、どれが既存建物で、どれが新築建物かがわからない。平面図や断面図に周辺状況を描き加えて、各図を整合させてほしい。

＊高専名の左の数字は作品番号

予選127作品

001 徳山高専

やない道の駅街道
——分散型道の駅による地域強靭化

◎丸山 直也／加納 志織里［土木建築工学科5年］

002 徳山高専

GATE
——「人」と「農」をつなぐ道の駅

◎津野 翼（5年）／國光 優作／川根 翔太（2年）［土木建築工学科］

003 徳山高専

道の駅 かんむりやま

◎山本 志保（5年）／岩崎 彩寧／土橋 翔雅／中辻 英子（4年）［土木建築工学科］

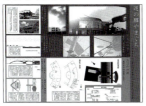

004 徳山高専

道の驛 やまぐち

◎山根 達郎［土木建築工学科5年］

006 有明高専

reCALL the COAL

田代 公貴／◎村上 和也［建築学科5年］

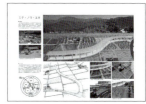

007 有明高専

ミチ・ノウ・エキ

◎長 秀治／平山 晴菜／古澤 英子［建築学科5年］

008 有明高専

たまみち

◎龍 直未／大塚 友稀／椎原 奈央［建築学科5年］

010 熊本高専（八代）

商店街を日奈久の駅に

岩谷 祐伸／◎坂本 勇太／松下 亘生［建築社会デザイン工学科3年］

011 熊本高専（八代）

繋がる 伝える 続く

◎竹下 彩夏／徳永 和真［建築社会デザイン工学科3年］

012 熊本高専（八代）

夜の散歩 ——にぎわいに誘われて

◎小松 黛芽／高城 奈緒／辻本 大雅［建築社会デザイン工学科3年］

013 熊本高専（八代）

あそぶね

◎中村 菜月／二子石 里沙／山道 翔太／オドゥスレン・テグシバヤル［建築社会デザイン工学科5年］

014 熊本高専（八代）

道楽 ——道を楽に道を楽しく

小嶋 晃平／上土井 祐太／◎福岡 怜大／福留 愛［建築社会デザイン工学科5年］

予選127作品

016 熊本高専（八代）

水でつながる──海の駅と温泉の駅
◎藏原 周太朗／佐々木 睦／堀川 あかり／牧下 僚太郎［建築社会デザイン工学科3年］

017 熊本高専（八代）

薩摩街道 通の駅
井 宏通／石本 恵／熊宮 宗一郎／◎藤近 太士［建築社会デザイン工学科3年］

018 熊本高専（八代）

馬がつなぐ記憶の潮風
洲崎 琴美／永野 蓮太／◎別府 真理子／油布 天晴［建築社会デザイン工学科4年］

019 熊本高専（八代）

Stay Station
岩崎 貴弘／近田 一成／◎福田 憲彌／山口 あかり［建築社会デザイン工学科4年］

020 近畿大学高専

これって道の駅！？
◎岩本 由香／林 直輝／平川 なつみ［総合システム工学科都市環境コース4年］

021 明石高専

後川 道の駅補完計画
◎木下 凌太郎／多田 裕亮／松家 雅大／谷口 陸［建築学科2年］

022 明石高専

地産地消の道の駅
◎石川 雄貴［建築学科4年］

023 明石高専

丘の上から望む道の駅
◎田中 友理［建築学科4年］

024 明石高専

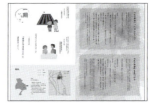

一期。
◎河田 江梨那［建築学科4年］

025 明石高専

ASAGIRI──世界一を望む道の駅
◎木村 奎太［建築学科4年］

026 明石高専

道の駅 だざいふ
◎宮地 祐一［建築学科4年］

027 明石高専

道の駅つなぐ
◎松下 直樹［建築学科4年］

予選127作品

028 明石高専
平野の散歩道
◎三木 鮎美［建築学科4年］

029 明石高専
つなぐ ——歴史・名産・工芸
◎釜谷 統哉［建築学科4年］

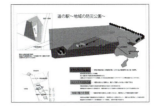
030 明石高専
道の駅 ——地域の防災公園
◎養畑 悠一郎［建築学科4年］

031 明石高専
水のCUREstation
◎勝田 壮良［建築学科4年］

032 明石高専
いのちと笑いの道の駅
◎青柳 洋人［建築学科4年］

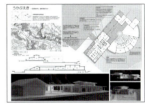
033 明石高専
うかぶえき
——名塩を守り、名塩を伝える
◎植村 偲［建築学科4年］

034 明石高専
森が建ち市が立つ
◎北村 春樹／西村 和起［建築学科5年］

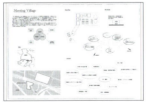
035 明石高専
Meeting Village
◎松浦 里加［建築学科4年］

036 明石高専
上方＝豊能の道の駅
◎片山 啓太［建築学科4年］

037 明石高専
つなぐ道の駅
◎林 一貴［建築学科4年］

039 明石高専
瓦道
◎奥内 康介［建築学科4年］

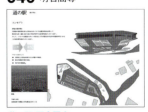
040 明石高専
道の駅 西六甲山
◎アディブ・モクタ［建築学科4年］

予選127作品

041 明石高専
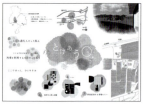
とけあう○
◎船曳 由莉［建築学科4年］

042 明石高専
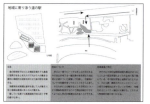
地域に寄り添う道の駅
◎大塚 知広［建築学科4年］

043 明石高専
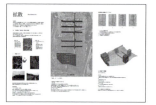
拡散 ——Road Station City
◎大内 健造［建築学科4年］

044 明石高専

魚の駅 ——ちょっと休憩
◎中山 明莉［建築学科4年］

045 明石高専
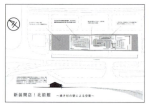
新装開店！ 北前館
——焼き杉の壁による空間
◎大月 章嵩［建築学科5年］

046 明石高専

妖怪の里福崎
◎高寄 一樹［建築学科4年］

047 明石高専
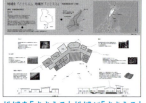
地域を「ささえる」、地域が「ささえる」
◎藤岡 拓己［建築学科4年］

048 明石高専

道の駅 居留地11番地。——宗教都市・神戸にある外国人旅行者のための休憩所
◎豊田 真友［建築学科5年］

049 明石高専

みんなで支え、支えられる道の駅 祭（さい）
◎三枝 亮太［建築学科4年］

050 明石高専

古湯の屋舎
◎鈴木 智也［建築学科4年］

051 明石高専

琵琶湖の道の駅
◎Ganbaatar Dashnyam［建築学科4年］

052 明石高専
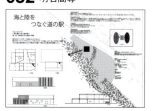
海と陸をつなぐ道の駅
◎坂本 雅妃［建築学科4年］

予選127作品

053 明石高専

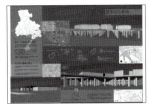

都市のため池
◎西本 昌平 [建築学科4年]

054 明石高専

ちょっと立ち寄る、高瀬舟
◎西原 俊介 [建築学科4年]

055 明石高専

人が支える道の駅
道の駅が支える地域
◎松崎 浩典 [建築学科4年]

056 明石高専

田舎の光
◎折口 洋一 [建築学科4年]

057 明石高専

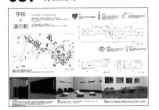

学校+道の駅
◎藤原 由季 [建築学科4年]

058 明石高専

道の駅 みどりの郷
◎松尾 瑠菜 [建築学科4年]

059 明石高専

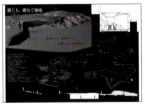

繋ぐ人、継なぐ地域
◎島田 大輝 [建築学科4年]

060 明石高専

つながレール
◎池下 侑作 [建築学科4年]

061 明石高専

道×道 街架ける駅
◎阪根 歩実 [建築学科4年]

062 明石高専

まちでのひととき ──記憶と発見
◎鈴木 康平 [建築学科4年]

064 舞鶴高専

おまけのみちのえき
◎横山 瑠南／足立 輝人／横山 ゆい（3年）／小松 千紗（1年）[建設システム工学科]

065 舞鶴高専

都会から育てる
中川 瑞穂（3年）／◎福田 陸人／木村 優希（2年）／小牧 勇人（1年）[建設システム工学科]

予選127作品

066 舞鶴高専
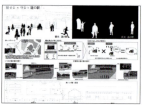
魅せる×守る＝道の駅
◎上中 匠（5年）／荒木 美柚／岡下 大陸／村上 隆紀（1年）[建設システム工学科]

067 仙台高専（名取）
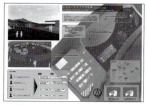
レジャーとしての可能性
◎皆川 雄太郎／石川 俊己（5年）／橋場 健（4年）／渡邊 翔太（3年）[建築デザイン学科]

068 仙台高専（名取）

STAND BY ÔYA
◎伊藤 真弓（5年）／星 幸乃／佐藤 唯（4年）／高橋 一輝（1年）[建築デザイン学科]

069 仙台高専（名取）

遠刈田に来てみて。着て見て。
佐々木 葵［生産システム工学専攻専攻科1年］／奥山 達也（5年）／吉田 奈菜（4年）／鴫原 宏斗（2年）[建築デザイン学科]

070 仙台高専（名取）

ぬっぺり
大畑 順平［生産システムデザイン工学専攻専攻科1年］／松浦 翼／草刈 魁斗（5年）／土井 俊汰（4年）[建築デザイン学科]

071 仙台高専（名取）

柴田の桜と畑の連鎖
◎會澤 由衣佳／芦澤 文仁（5年）／佐藤 智哉（4年）／星川 和也（3年）[建築デザイン学科]

072 仙台高専（名取）

多叉路
小野寺 謙［生産システムデザイン工学専攻専攻科1年］／小林 祐也／遠藤 希実（5年）／竹永 真人（3年）[建築デザイン学科]

073 仙台高専（名取）
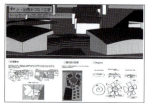
和 一人・記憶をつなぐ広場
◎半谷 泰成（5年）／吉田 稜（5年）／永井 誠人（3年）／菊地 鉄平（2年）[建築デザイン学科]

074 仙台高専（名取）

ひとのえき
◎西浦 祐希／渡辺 響介（5年）／関澤 遼（4年）／大沼 亮太郎（3年）[建築デザイン学科]

075 仙台高専（名取）

今も昔も海が好き
吉田 健悟［生産システムデザイン工学専攻専攻科1年］／鈴木 杏樹／中島 祐介（5年）／庄司 友貴（3年）[建築デザイン学科]

076 仙台高専（名取）

石垣湯囲
◎佐々木 大／齋藤 利哉（5年）／竹谷 紘希／深谷 華（4年）[建築デザイン学科]

077 仙台高専（名取）
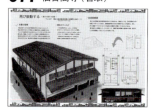
再び鼓動する
——愛される駅への変貌
◎大宮 遥香／白井 貴大（5年）／高橋 遼伍／竹中 悠登（2年）[建築デザイン学科]

予選127作品

080 米子高専
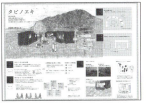
タビノエキ
◎松本 萌夏［建築学専攻専攻科1年］

081 米子高専

道の駅、点在、出張中。
◎畠山 瑞稀［建築学科4年］

082 米子高専

Follow The River
◎蔵本 拓馬／
グエン・ティー・ジエウ・ヒエン／
小西 亜実［建築学科5年］

083 米子高専
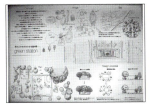
green station
◎荒田 倖利／多賀 浩紀［建築学科4年］

084 米子高専

結ビノ
石飛 夏帆／古田 彩花／◎森田 里奈／
山崎 美沙［建築学科5年］

085 米子高専
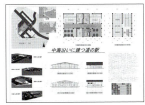
中海沿いに建つ道の駅
◎玉木 敏行［建築学科4年］

086 米子高専
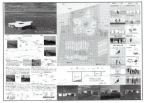
鳴り石の浜での物語
中田 希望／◎秦 瑞希／宮崎 拓皇［建築学科5年］

088 呉高専
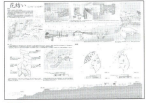
花結い
◎藤原 有衣香／西原 慎平／蛭子 雄一（5年）／宇田 康晃（4年）［建築学科］

089 呉高専

時の可部
◎秋元 康大／荒川 直人／山徳 祥太［建築学科5年］

090 呉高専

見えるようで見えない　見えないようで見える
◎西田 雄登［建築学科5年］

091 岐阜高専
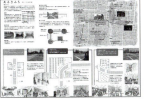
あるきみち
◎平塚 優里香［建築学科5年］

092 岐阜高専

ツギハグ──まちを縫う道の駅
◎斉藤 知真［建築学科5年］

予選127作品

093 岐阜高専

ツナグ駅 ——人と自然と文化と
◎長谷川 貴大［建築学科5年］

094 大阪府立大学高専

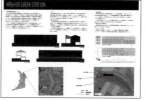

KASHIDA GREEN STATION
永綱 祐太／本間 聖也／村田 在［総合工学システム学科都市環境コース4年］

095 大阪府立大学高専

海誓山盟 ——海と山に育まれる地域愛
◎飯田 篤茉／加藤 沙弓／寺村 和也／村上 豪一［総合工学システム学科都市環境コース4年］

096 大阪府立大学高専

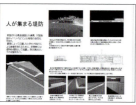

人が集まる堤防
◎町元 友哉／篠谷 一輝／福田 大陸［総合工学システム学科都市環境コース4年］

097 大阪府立大学高専

みえて、いって、かんじて。
◎井筒 竜宇／北浦 琴美［総合工学システム学科都市環境コース5年］

098 大阪府立大学高専

さんかくな港
◎高野 一博／西尾 航平／村田 健太［総合工学システム学科都市環境コース5年］

099 大阪府立大学高専

都会を忘れる
◎大澤 創／水町 優志／宮本 駿［総合工学システム学科都市環境コース5年］

100 大阪府立大学高専

螺旋が織り成す6つの地域体験
◎小西 隆仁［総合工学システム学科都市環境コース5年］

101 大阪府立大学高専

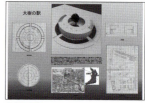

大樹の駅
◎植木 宏哉／田中 強／松田 晶太［総合工学システム学科都市環境コース5年］

102 豊田高専

見て、感じて、そして知る駅
◎井上 朱里［建築学科4年］

103 豊田高専

池鯉鮒宿
◎津田 健太［建築学科4年］

104 豊田高専

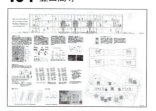

住まいのようなミチのエキ
◎西垣 佑哉（4年）／小川 紘輝（2年）［建築学科］

予選127作品

105 金沢高専

温故四（新・神・進・親）
——オンコシシン

◎甲斐 末森［機械工学科2年］

106 松江高専

つなぐ道の駅 湯の川

◎大久保 美悠／月坂 真菜／中島 圭那／森元 こより［環境・建設工学科2年］

107 釧路高専

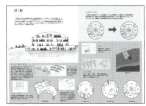

頂く駅

◎桟 裕太／大坪 桃子［建築学科5年］

109 釧路高専

みんなからみんなへと道の駅

◎ランディ・ハントロ／松井 佑太朗［建築学科4年］

110 長野高専

道の駅 ちょっくらすざか

◎平尾 美樹（5年）／有賀 美和（4年）［環境都市工学科］

111 サレジオ高専

まじわりの駅

◎大矢 美幸（3年）／斎藤 徹太／佐藤 怜／新倉 萌乃（2年）［デザイン学科］

112 サレジオ高専

まちなかの駅

◎大本 健太／白石 宙（4年）／鳥居 虎太郎（2年）［デザイン学科］

114 石川高専

都市の空（ひろば）

◎明庭 久留実（5年）／中根 諒／東 篤志（4年）［建築学科］

115 石川高専

ちいさな道の駅の大きな屋根

江川 安乃／喜多 涼香／西出 早也香（5年）／宇佐 美彰翔（4年）［建築学科］

117 石川高専

路の駅
——地域経済の新しい拠点

◎廣瀧 あかり／小林 和成（5年）／中倉 萌々子／大勝 友貴（4年）［建築学科］

118 石川高専

街sノード——相互扶助により地域間ネットワークを強化する結節点

北山 勝哉（5年）／青崎 杏那／荒井 美咲（4年）［建築学科］

119 福井高専

オプチカル∞さばえ

◎中井 悠仁／鳥居 あすか／山口 恭平［環境都市工学科5年］

予選127作品

120 鈴鹿高専

旅籠屋PROJECT
蟹田 梨帆（3年）[材料工学科]／◎東 楓（3年）／近藤 聡一朗／三井 菜月（1年）[電子情報工学科]

121 鈴鹿高専

茶摘みの里椿
高田 彩永 [電子情報工学科4年]／◎松田 蒼依／上山 みゆ（4年）／中田 美汐（3年）[生物応用化学科]

122 小山高専
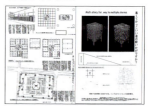
Multi-story for way to multiple stories.
◎髙瀨 咲（5年）／鮎澤 宗壱／塚原 啄斗／及川 裕介（2年）[建築学科]

123 小山高専

三　THREE
——trans/health/rest/eco/enjoy
◎菅谷 諒／髙橋 佑太朗／伊藤 沙弥香（5年）／鈴木 理紗（2年）[建築学科]

124 小山高専
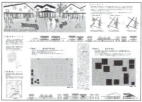
まちをつなぐ、ひとがつながる
◎寺内 ひなの／寺内 碧（5年）／新井 加奈子／星野 如子（2年）[建築学科]

125 小山高専

未知の域
——道の駅から宇宙が見える
◎飯ヶ谷 豪紀／黒川 洋一 [建築学科5年]

126 大分高専

道の駅 吉野
◎藍澤 夏美／姫野 舞衣／藤井 楓／山本 寧音 [都市・環境工学科5年]

127 大分高専

湯の里 道の駅
——別府を一望できる高台の道の駅
◎光野 育恵／田中 愛緒理／東 保希／村田 加奈子 [都市・環境工学科5年]

128 福島高専

はしる・とまる・ほるる
——道の駅・ほるる
熊谷 純樹／志賀 裕太郎／三浦 千明／◎緑川 果夏 [建設環境工学科5年]

129 長岡高専

まちの駅、ひとの駅。
——地域へと広がる道の駅
◎中村 真由（3年）／佐野 栞／高井 勇人（2年）[環境都市工学科]

130 秋田高専

田沢ブルーにいだかれて
◎加藤 前衛／加藤 瑞希／長谷川 大樹／福田 誠 [環境都市工学科4年]

131 近畿大学高専

心の海＝ふるさと街づくり
——人々をつなぐ駅「ふたみ」
◎山崎 大地 [総合工学システム学科都市環境コース5年]

予選127作品

132 熊本高専（八代）

La capitale du bus
◎川﨑 生実／上田 真実（4年）／今福 涼菜（3年）／大塚 初音（1年）[建築社会デザイン工学科]

133 熊本高専（八代）

人吉 Bike Ride
◎河本 風馬／竹田 誠一朗／光田 ひかり／山田 美喜子[建築社会デザイン工学科5年]

134 明石高専

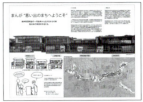

まんが「思い出のまちへようこそ」
◎縄田 諒[建築・都市システム工学専攻科1年]／戸田 拳志朗[建築学科5年]

135 明石高専

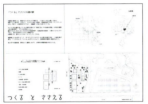

つくる と ささえる
◎藤岡 歩[建築学科4年]

136 明石高専

人と地域をつなぐ
◎堀岡 知樹[建築学科4年]

138 明石高専

夢咲く商店街
◎藤本 真凛[建築学科4年]

139 明石高専

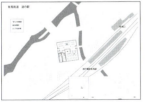

有馬街道 道の駅
◎入倉 拓馬[建築学科4年]

審査委員紹介

審査委員長
髙砂 正弘
（たかさご まさひろ）
建築家、和歌山大学 教授

1956年	大阪府生まれ
1979年	大阪工業大学工学部建築学科卒業
1979年-	瀧光夫建築・都市設計事務所に勤務
1986年	早稲田大学大学院理工学研究科建設工学専攻修士課程修了
1990年	髙砂建築事務所設立
2004年-	梅花女子大学現代人間学部生活環境学科 教授
2009年-	大阪人間科学大学人間科学部環境・建築デザイン学科 教授
2011年-	和歌山大学システム工学部環境システム学科 教授

主な建築
『高槻市出灰集会所』（1993年）、『農家のアトリエ』（1997年）、『摂津峡木橋』（1999年）、『森の展望台・トイレ』（2000年）、『松崎町の家』（2002年）、『森のプラットホーム』（2003年）、『斑鳩の家』（2004年）、『一畔の家』（2005年）、『中谷町の農家』（2006年）、『壁層の家』（2008年）、『交差の家』（2011年）、『西向きの家』（2013年）など

主な著書
『南イタリア石の住まい』（Edward Allen原著、共訳、1993年、学芸出版社）、『バルセロナ・パヴィリオンの空間構成の方法』（2009年、パレード）など

主な受賞
大阪建築コンクール渡辺節賞（1994年）、日本建築士会連合会賞優秀賞（1995年）、木材活用コンクール優秀賞（2000年）、JIA新人賞（2002年）、グッドデザイン賞（2004年）、大阪建築コンクール大阪府知事賞（2005年）、新しい伝統構法の家第1位（2014年）など

木下 光
（きのした ひかる）
関西大学 准教授

1968年	福岡県生まれ
1992年	京都大学工学部建築学科卒業
1994年	東京大学大学院工学系研究科都市工学専攻修士課程修了
1996年	東京大学大学院工学系研究科都市工学専攻博士課程中退
1996年-	関西大学工学部建築学科 助手
2000年-	同 専任講師
2005年-	同 助教授
2007年-	同学環境都市工学部建築学科 准教授
2013年-	シンガポール国立大学 客員研究員

主な共著書
『建築MAP京都』（共著、1998年、TOTO出版）、『建築MAP大阪／神戸』（共著、1999年、TOTO出版）、『アジア建築研究』（共著、1999年、INAX出版）、『キーワード100』（共著、1999年、住まいの図書館出版局）、『中村家住宅のひみつ──琉球赤瓦の屋根に学ぶ』（共著、2013年、遊文舎）など

主な受賞
日本建築学会論文奨励賞（2005年）、ダイキンエアスタイル優秀賞『彦根の家』（2009年）、日本建築学会技術部門設計競技『雨を楽しみ都市の水を制御する建築』佳作入選（2009年）、沖縄の新たな発展につなげる大規模基地返還跡地利用計画提案コンペ入選（2013年）など

寺沢 直樹
（てらさわ なおき）
国土交通省 職員

1975年	秋田県生まれ
1998年	東北大学工学部土木工学科卒業
2000年	東北大学大学院工学研究科修了 建設省（現・国土交通省）入省
2006年	北陸地方整備局富山河川国道事務所 調査第一課 課長
2007年	青森市都市整備部 部長
2009年	東北地方整備局道路部道路計画第一課 課長
2011年	道路局国道・防災課道路保全企画室 課長補佐
2014年	大臣官房技術調査課 課長補佐
2015年	近畿地方整備局和歌山河川国道事務所 所長

主な活動
道路計画、道路保全施策、都市計画、中心市街地活性化施策、国管理国道の整備・管理などに携わる

Structural Design Competition

構造デザイン
部門

Category
02

課題テーマ：メタルブリッジコンテスト

　私たちの生活をささえる橋梁（ブリッジ）は公共性が高いため、自然災害が発生した場合にもその機能が失われることがないように設計、製作する必要がある。1995年の兵庫県南部地震により致命的なダメージを受けた橋梁が多々あり、粘り強い構造体である必要性が指摘された。また、橋梁の自重をできるだけ減らすことは経済性のみならず、地震時に働く水平力を軽減する観点からも重要なことである。

　橋梁を製作するための主要材料としては、一般的に、金属やコンクリートが多く、まれに木材が利用される場合もある。このうち、金属は加工しやすく延性があり、コンクリートや木材と比較して許容応力の大きい材料だ。銅はこうした金属の特徴を顕著に表す材料の1つだが、柔軟な素材であるため構造部材としてあまり用いられない。

　そこで、今回の構造デザイン部門では、構造材料として使用される機会の少ない銅をあえて用い、創意工夫により目標の耐荷性能を満たし、かつ、軽量で銅の色合いを生かした美しい橋梁をデザインしてほしい。既存の構造や詳細にこだわらない斬新で自由な発想の作品の応募を期待する。

タイムライン *Timeline*

本選出場作品

55

エントリーシート提出期間
2015.10.01-10.07

プレゼンテーション
ポスターデータ提出期間
2015.11.04-11.12

本選
2015.11.14
1　仕様確認
2　審査委員審査

2015.11.15
3　競技＝耐荷性能試験
4　審査会・講評

受賞作品

7

最優秀賞（国土交通大臣賞）
米子高専：叶和夢
優秀賞
徳山高専：繊月
徳山高専：美環
日刊建設工業新聞社賞
新居浜高専：銅夢橋
審査委員特別賞
舞鶴高専：バケモノの弧
小山高専：Reinforce FRAME
都城高専：MIYAMA

最優秀賞 国土交通大臣賞

40 | 米子高専

叶和夢

総合得点：100

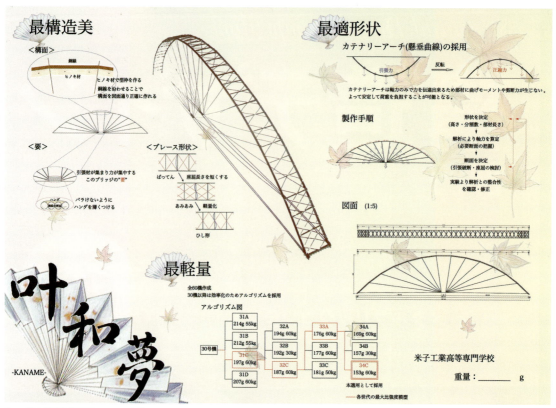

◎久代 拓也(5年)／足立 勇仁／
角田 幸輝／坪倉 那奈／
松本 涼太(4年)／谷口 京(3年)
[建築学科]
担当教員：北農 幸生[建築学科]

| 主催者コメント |

タイドアーチ構造を採用し、質量が約160gと大幅な軽量化に成功している。製作物の奥行寸法をできるだけ短くするとともに、圧縮力を受ける部材には比較的、直径の小さい銅線を並列させて用いたことにより、耐荷力の大きい構造物を実現している。

（山田 宰　和歌山高専）

優秀賞

27 | 徳山高専
繊月

総合得点：72

◎丸山 直也（5年）／加納 萌里（3年）／佐々木 日菜／田辺 萌絵（2年）／貞本 侑香里／中村 智哉（1年）［土木建築工学科］
担当教員：海田 辰将［土木建築工学科］

|主催者コメント|

ブレースドリブアーチ構造である。質量は約240g。軽量化に成功するとともに、すぐれた耐荷力性能の実現にも成功している。ユニークな作品名を体現する、まさに三日月のような形状で、球磨焼酎にちなんで命名したとのことである。

（山田 宰　和歌山高専）

優秀賞	26	徳山高専		◎小山 諒子／志賀 菜帆(5年)／川﨑 泰奈／寺西 冴映／徳重 茜(2年)／山本 真奈美(1年)[土木建築工学科]
	美環		総合得点：62	担当教員：海田 辰将[土木建築工学科]

| 主催者コメント |

ブレースドリブアーチの構造を採用している。アーチ部分は徳山高専『繊月』(27)と同様な形状であるものの、作品名の「美環(みかん)」にちなんで、アーチに荷重を伝達する吊材に大きな特徴がある。吊材の形状は、ミカンの房の内部を思い起こさせるような美しい形状となっている。

（山田 宰　和歌山高専）

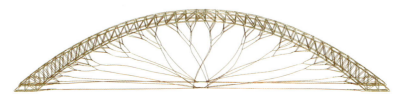

日刊建設工業新聞社賞

09 | 新居浜高専
銅夢橋

総合得点：60

◎岡本 優平／小池 豪人 [機械工学科5年]
担当教員：谷口 佳文 [機械工学科]

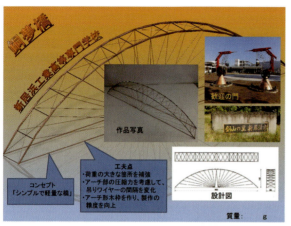

主催者コメント

タイドアーチ構造を用いることにより軽量化に成功している。非常にシンプルな構造ながら必要な耐荷性能を有している。金属加工に長けた機械工学を専攻している学生らしく工作精度の高い作品である。

（山田 宰　和歌山高専）

審査委員特別賞

11 | 舞鶴高専
バケモノの弧

総合得点：52

前川 寛太（4年）／仲井 大樹／向出 怜央（3年）／◎本田 拓也／安藤 翔（2年）／長瀬 朝暉（1年）[建設システム工学科]
担当教員：玉田 和也 [建設システム工学科]

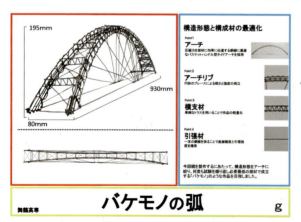

審査講評

岩崎 英治：圧縮力を部材に均等に伝達するバスケットハンドル型のタイドアーチ構造を採用している。そして、アーチリブに円形のブレース材を用いることで、軽さと強度の両立を試みたユニークな作品である点を評価して審査委員特別賞とした。

| 審査委員特別賞 | 52｜小山高専　Reinforce FRAME　総合得点：52 | 菅谷 諒（5年）／◎大川 緋月（4年）／塩澤 瑞生（3年）／汐待 駿栄（2年）／鈴木 千翔／髙橋 碧（1年）［建築学科］担当教員：堀 昭夫［建築学科］ |

|審査講評|

岩崎 英治：タイドアーチ構造を採用し、銅線の歪（ひず）み硬化（加工硬化）を利用して線材のゆがみを除去している。また、構造体をパネル化することで効率的で正確な施工が行なえる工夫が施されている点を評価して審査委員特別賞とした。

| 審査委員特別賞 | 23｜都城高専　MIYAMA　総合得点：48 | 内窪 葵（専攻科2年）／◎上野 新矢（専攻科1年）［建築学専攻］／久木山 李奈／米吉 大歩／清水 香蓮／外山 大地［建築学科4年］担当教員：奥野 守人［建築学科］ |

|審査講評|

岩崎 英治：各部材が荷重を効率的に受け持ち、支点部に伝達するタイドアーチ構造を採用している。また、アーチリブを構成する銅線の本数を場所に応じて変化させ、部材接合に配慮することで、軽量化とシンプルな美しさを実現している点を評価して審査委員特別賞とした。

審査総評 本選

圧縮力に弱い銅を加工、接合、組立ての工夫で強化

岩崎 英治（審査委員長）

　講評として簡単に2日間の競技の内容と作品の特徴について紹介したいと思う。

　今年の課題は、銅線を用いて創意工夫により軽量で、かつ、60kgの耐荷性能を確保し、そして、銅の色合いを生かした美しい橋梁をデザインする、というものであった。審査項目の1つめは耐荷力を質量で割った比強度に基づく評価。2つめは、審査委員による「橋梁としての機能性」「材料の特性を生かす工夫」「デザイン性」「ポスターの表現」「プレゼンテーション」の5項目についての評価である。この2つの評価点をもとにして、総合得点を出している（本書54ページ表1参照）。

　今回の構造デザイン部門へのエントリーは55作品で、いろいろな構造形式が見られた。大きく分けると40作品がアーチ形式、トラス形式は13作品、その他、非常にユニークな形式の作品もあった。

　参加作品の特徴をいくつかに分類すると、加工、接合、組立てに関してさまざまな工夫が見られた。代表的な例として、非常に曲がりやすい材質である銅線をまっすぐの状態にするために、棒を捩じることによる加工硬化を応用している作品があった。また、銅線の接合にハンダを用いた作品が多かった中、銅の色合いを生かすためにハンダの使用量を極力少なくした作品もあった。これは、課題の「銅の色合いを生かした美しい橋梁」というところに着目した作品だと言える。

　次に部材への作用力に関する工夫もあった。銅線は引張力に対してはそのままでも大きな抵抗力があるが、圧縮力がかかると曲がりやすく、いわゆる座屈が生じてしまうため、圧縮力に弱いと言える。その対策として「複数の銅線を束ねる」、あるいは、さらに軽量化を追求して、「中空にした銅線を束ねて結合する」という工夫をした作品があった。中には、コイル状に銅線を巻いてそのすき間にハンダを流し込みバネのような形にした作品も見られた。

　アーチ形式の作品に関しては、「2本のアーチを平行に並べた形の作品」、「スパンの中央に2本のアーチを傾けて近づけるような形にした作品」、その逆に「外側に倒す工夫をした作品」があった。また、4本のアーチを使って2本を内側へ、他の2本を外側へ傾けた作品も見られた。さらに、「構成する部材に小さな三角形のトラスを配置してアーチを形成している作品」など、非常に手の込んだ製作をしている作品もあった。

　そして、トラス形式の作品に関しては、代表的な平行トラスのほか、曲げモーメント力の分布を考慮したアーチに似た曲弦トラスも見られた。以上のように、いろいろな工夫がたくさん見られ、高専の学生の独創性の高さを感じることができた。

　最後に載荷試験の結果についてである。単に耐荷力の大きな橋梁を作るということであれば、多量の銅線を使えばよいのだが、今回は軽量で、なおかつ、耐荷力を確保しなければならないことから、理論上、軽量化に最適なアーチ形状の作品が、上位の比強度を有している傾向が見られた。その中でも、受賞した作品は、多くの試行錯誤を繰り返しながら耐荷力を確保しつつ、銅線の接合方法の工夫、あるいは、橋梁のゆがみの排除や軽量化などに十分配慮した、努力の賜であったと思う。

　銅線を用いた課題は、デザコンでおそらく過去に例がない。その点でも、大いに創意工夫を要する課題であったと思うので、参加したすべてのチームの学生がこのデザコンを通じてチームワークの大切さをはじめ貴重な経験ができたのではないかと考えている。みなさんのこれからの活躍とデザコンのさらなる発展をお祈りして、講評とする。

＊2015年11月15日 講評での発言をもとに作成

表1 総合順位 Ranking

作品番号	作品名	高専名 (キャンパス名)	審査委員評価点 [50点]	模型質量 (g)	比強度	耐荷力 (kg)	載荷遅延回数	設置遅延	比強度点 [50点]	総合得点 [100点]	順位
40	叶和夢	米子	49	163.1	367.9	60	0	NO	50	100	1
27	繊月	徳山	45	242.3	247.6	60	0	NO	34	72	2
26	美環	徳山	49	316.0	189.9	60	0	NO	26	62	3
09	銅夢橋	新居浜	36	285.8	209.9	60	0	NO	29	60	4
08	銅(あかがね)橋	新居浜	43	286.0	209.8	60	1	NO	26	58	5
37	PARA-ARCH	呉	39	310.8	193.1	60	0	NO	26	58	5
11	バケモノの弧	舞鶴	45	345.1	173.9	60	1	NO	21	52	7
52	Reinforce FRAME	小山	45	396.5	151.3	60	0	NO	21	52	7
23	MIYAMA	都城	47	448.9	133.7	60	0	NO	18	48	9
12	日の出	舞鶴	43	441.3	136.0	60	1	NO	17	44	10
22	ヤマトブリッジ	呉	42	427.5	140.4	60	1	NO	17	44	10
16	ユッキー	松江	41	595.8	100.7	60	0	NO	14	38	12
25	UNISON ARCH BRIDGE	和歌山	41	624.4	96.1	60	0	NO	13	38	12
41	月匠乃繋手	米子	45	183.9	244.7	45	0	NO	13	38	12
48	陸奥の櫻花 ──俾武多の如し	八戸	43	543.7	110.4	60	1	NO	13	38	12
21	カッパブリッジ	熊本(八代)	38	647.6	92.6	60	0	NO	13	36	16
15	けんぢっち	松江	38	667.8	89.8	60	0	NO	12	34	17
34	ダイナソウル	福井	43	797.6	75.2	60	0	NO	10	34	17
45	宝寄山	苫小牧	42	856.6	70.0	60	0	NO	10	32	19
13	TRUSS NO OWARI	仙台(名取)	40	843.6	71.1	60	0	YES	9	30	20
04	あめんぼ：re	福島	44	1280.8	46.8	60	0	NO	6	28	21
31	Squared	秋田	41	1189.1	50.5	60	0	NO	7	28	21
42	Schicht!	釧路	42	1171.1	51.2	60	0	NO	7	28	21
49	トラストシャチョウ	有明	41	1230.0	48.8	60	0	NO	7	28	21
01	Dr. 河童ぁ。	明石	39	1200.8	50.0	60	0	NO	7	26	25
07	Twist	岐阜	43	570.9	87.6	50	0	NO	6	26	25
30	オリーブリッジ	香川(高松)	39	1496.5	40.1	60	0	NO	5	24	27
54	優月の大拱門	長野	42	1517.2	39.5	60	0	YES	5	24	27
02	ちねり橋	明石	37	1401.0	42.8	60	1	NO	5	22	29
24	Simple	和歌山	45	630.5	47.6	30	0	NO	2	22	29
53	機関車トーラス	長野	42	2605.9	23.0	60	0	NO	3	22	29
05	スペーストラスV3X	阿南	35	2275.7	26.4	60	0	NO	4	20	32
39	一手一つ	近畿大学	37	2341.7	25.6	60	0	NO	3	20	32
06	こんなはずでは	阿南	35	2564.9	23.4	60	0	NO	3	18	34
29	ぐるぐる	サレジオ	40	2726.6	18.3	50	1	NO	1	18	34
36	六甲山トラス	神戸市立	40	1957.8	15.3	30	0	NO	1	18	34
38	Copper Bridge	近畿大学	40	1981.9	15.1	30	0	NO	1	18	34
46	Spider	鈴鹿	39	697.1	43.0	30	0	NO	2	18	34
03	Fukushima Lattice	福島	41	916.7	0	0	0	NO	0	16	39
10	OYAMA NO HUMOTO	金沢	38	1305.3	0	0	0	NO	0	16	39
14	千とチョットのアーチ橋	仙台(名取)	40	1405.1	0	0	0	NO	0	16	39
17	Wire King	香川(高松)	37	1500.2	20.0	30	0	NO	1	16	39
18	Emotional Support	石川	39	1122.0	0	0	0	NO	0	16	39
19	よさげなブリッジ	石川	39	2218.9	0	0	0	NO	0	16	39
32	一弦双弧彩	群馬	39	650.9	0	0	0	NO	0	16	39
33	Spoke-bridge	群馬	40	511.9	0	0	0	NO	0	16	39
47	五郎丸	八戸	40	792.9	0	0	0	NO	0	16	39
50	今が旬	大阪府立大学	38	3356.0	8.9	30	1	NO	0	16	39
28	銅に叶った	豊田	35	3077.7	0	0	0	NO	0	14	49
35	KCCT Bridge	神戸市立	36	2601.6	11.5	30	0	NO	0	14	49
43	Cu-be	長岡	34	4541.6	6.6	30	1	NO	0	14	49
55	チャチャブリッジ	北九州	39	7492.3	8.0	60	0	NO	1	12	52
20	こうちゃんⅡ	高知	36	4239.1	0	0	0	NO	0	10	53
44	The Bridge──Final	長岡	37	3650.6	8.2	30	0	NO	0	10	53
51	尾中が好いた	大阪府立大学	36	2159.0	0	0	0	NO	0	10	53

＊表中の高専名は、工業高等専門学校および高等専門学校を省略　　＊表中の項目の算定など詳細については、本書62ページ参照
＊順位は比強度点を80％、審査委員評価点20％の割合で点数化した総合得点に基づく　　総合得点＝（比強度点×0.8 + 審査委員評価点×0.2）×2
　ただし、仕様規定を満たしていない場合は総合得点を0.7倍にする
＊「比強度」とは、「耐荷力」／「模型質量」

開催概要

構造デザイン部門概要

課題テーマ	メタルブリッジコンテスト
審査委員	岩崎 英治[委員長]、齊藤 大樹、藤本 善博、寶角 正明
応募条件	個人もしくは6人以内のチームによるもの(登壇者:審査委員審査時1人、競技時2人以内)。各校2チームまで。同じ高専で同形・同コンセプトの製作物は認めない
応募数	55作品(279人、35高専)
応募期間	

質疑期間:2015年4月6日(月)〜4月30日(木)
質疑回答:2015年5月中旬より順次ホームページにて公表
エントリーシート提出期間:2015年10月1日(木)〜7日(水)
プレゼンテーションポスターデータ提出期間:2015年11月4日(水)〜12日(木)

事前提出物	エントリーシート:学校名、作品名、チームメンバー氏名、学科名、学年、指導教員氏名、連絡先など　プレゼンテーションポスター:「学校名」「作品名」「コンセプト」「模型の写真」「工夫した点」「質量の記入欄」(A2判〈横向き〉1枚、パネル化不要)

本選審査

日時	2015年11月14日(土)〜15日(日)
会場	和歌山県民文化会館　大ホール、大展示室
本選提出物	構造模型:指定の仕様通りのもの(本書62ページ参照)
審査過程	日時:2015年11月14日(土) ①仕様確認(特設展示室) 13:30〜15:00 ②審査委員審査(大展示室) 15:00〜17:30 日時:2015年11月15日(日) ③競技=耐荷性能試験　9:00〜13:00 ④審査会・講評　14:00〜14:45

本選 概要

アーチ形式が多数、軽量化に主眼

参加55チームそれぞれの工夫

今年は国公私立合わせて35校から、55チームがエントリーした。構造デザイン部門への参加は土木系や建築系の学科が中心であることに変わりはないが、機械系をはじめ他系統学科からのエントリーが例年に比較して多くなっている。また、参加学生は本科1年生から専攻科2年生まで、高専の全学年にわたり、中でも女子学生のエントリーが増加しているように感じられた。

応募作品の構造形式は、55作品中約70％がアーチ構造を用いていた。これは、今回の課題テーマである「単純支持構造」かつ「スパン中央への1点載荷に対して最適化された構造」を考慮した結果だと考えられる。その他、トラス構造やラティス構造、そして、コイル状に銅線を巻き付けた構造など、独創的なアイデアをちりばめた作品が多数見られた。

いずれの作品も銅線の柔軟な特性に対して、圧縮力によって発生する、いわゆる座屈に対応するためのさまざまな工夫をしていた。その中には、複数の銅線を撚ることで生まれる材料の塑性硬化（加工硬化）を利用して強度を高めた部材を用いた例や、同じく数本の銅線を板状にハンダ付けすることにより強化した部材の使用例もあった。また、巻線状で販売されている銅線を直線状にするために、専用の治具を作成した作品も見られた。

今回の課題の1つである「銅本来の色合いを生かす」ために、あえてハンダによる接合方法を取らずに作品を製作したチームもあり、各チームとも相当回数の試行錯誤を経たことをうかがわせる大会になった。

仕様確認で明らかになった驚きの質量計測

本選1日めの11月14日は、全体のオリエンテーションの後、各チームは特設展示室において仕様確認に臨み、会場前には長蛇の列ができた。作品が決められた寸法内に収まっているかなどのチェックを受けた後、質量の計測、写真撮影などを行なった。質量計測では160g程度の軽量な作品もあり、大変に驚かされた。中には、載荷棒の取付けがスムーズにできず、修正作業に手間取るケースも見られたが、全チームが無事に翌日の耐荷性能試験へ参加できることを確認した。

その後、大展示室において審査委員審査が行なわれた。審査委員が展示されている各作品（模型、プレゼンテーションポスター）を巡回して審査し、模型の設計主旨、構造、デザイン性などについて評価する。審査中は各作品前にエントリーした学生のうち1人が常時待機して審査委員に対応した。会場内に入れる学生を各チーム1人に限定したため、例年のように会場が混雑することもなく審査はスムーズに進んだ。審査委員による熱心な審査もあり、予定の2時間を30分ほど超えて審査委員審査は終了した。

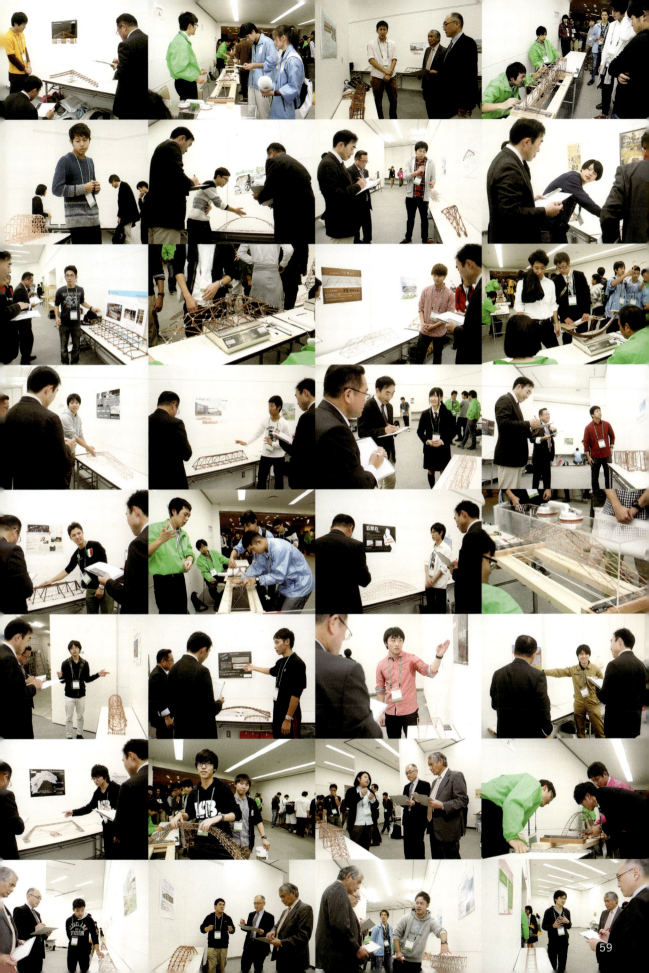

表2 耐荷性能試験　載荷の順番

載荷組	整理番号	作品番号	載荷装置A 作品名	高専名（キャンパス名）	整理番号	作品番号	載荷装置B 作品名	高専名（キャンパス名）	整理番号	作品番号	載荷装置C 作品名	高専名（キャンパス名）
1	A1	24	Simple	和歌山	B1	44	The Bridge——Final	長岡	C1	05	スペーストラスV3X	阿南
2	A2	22	ヤマトブリッジ	呉	B2	01	Dr. 河童ぁ。	明石	C2	53	機関車トーラス	長野
3	A3	03	Fukushima Lattice	福島	B3	40	叶和夢	米子	C3	11	バケモノの弧	舞鶴
4	A4	19	よさげなブリッジ	石川	B4	13	TRUSS NO OWARI	仙台（名取）	C4	08	銅（あかがね）橋	新居浜
5	A5	30	オリーブリッジ	香川（高松）	B5	36	六甲山トラス	神戸市立	C5	32	一弦双弧彩	群馬
6	A6	47	五郎丸	八戸	B6	26	美環	徳山	C6	38	Copper Bridge	近畿大学
7	A7	51	尾中が好いた	大阪府立大学	B7	29	ぐるぐる	サレジオ	C7	16	ユッキー	松江
8	A8	42	Schicht!	釧路	B8	20	こうちゃんⅡ	高知	C8	28	銅に叶った	豊田
9	A9	49	トラストシャチョウ	有明	B9	46	Spider	鈴鹿	C9	52	Reinforce FRAME	小山
10	A10	10	OYAMA NO HUMOTO	金沢	B10	45	宝寄山	苫小牧	C10	23	MIYAMA	都城
11	A11	31	Squared	秋田	B11	09	銅夢橋	新居浜	C11	07	Twist	岐阜
12	A12	55	チャチャブリッジ	北九州	B12	54	優月の大拱門	長野	C12	34	ダイナソウル	福井
13	A13	39	一手一つ	近畿大学	B13	06	こんなはずでは	阿南	C13	48	陸奥の櫻花——伝武多の如し	八戸
14	A14	21	カッパブリッジ	熊本（八代）	B14	18	Emotional Support	石川	C14	04	あめんぼ：re	福島
15	A15	41	月匠乃繋手	米子	B15	50	今が旬	大阪府立大学	C15	43	Cu-be	長岡
16	A16	14	千とチョットのアーチ橋	仙台（名取）	B16	12	日の出	舞鶴	C16	17	Wire King	香川（高松）
17	A17	35	KCCT Bridge	神戸市立	B17	33	Spoke-bridge	群馬	C17	37	PARA-ARCH	呉
18	A18	15	けんぢっち	松江	B18	02	ちねり橋	明石	C18	27	織月	徳山
19	B4	13	TRUSS NO OWARI	仙台（名取）[2回め]					B3	40	叶和夢	米子[2回め]
20	A1	24	Simple	和歌山[2回め]	B19	25	UNISON ARCH BRIDGE	和歌山				

＊表中の高専名は、工業高等専門学校および高等専門学校を省略
＊表中の［2回め］は、載荷装置のトラブルにより、順番の最後にまわって再度、試験を行なった高専

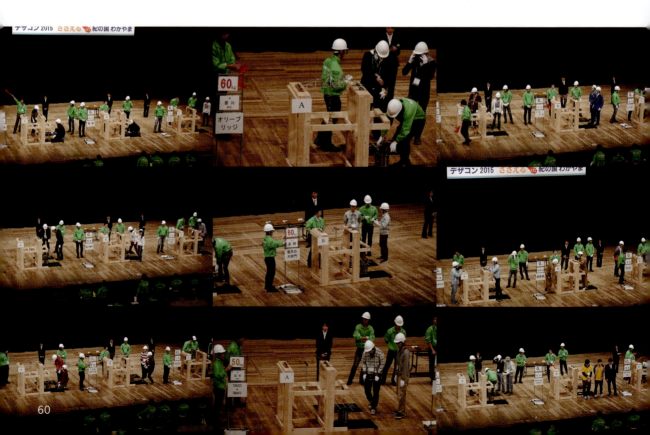

耐荷性能試験

明けて15日、実際に作品に荷重をかける競技=耐荷性能試験が行なわれた。ここで模型の耐荷力を計測する。載荷を行なう装置はステージ上に3台設置され、それぞれ指定された順番で載荷を行なった（本書60ページ表2参照）。載荷台に模型作品を設置し、載荷装置に付いた載荷ワイヤーにおもりを順次載せ、模型中央に荷重がかかるかたちで、競技は進む（詳細は本書62ページ参照）。

各チームとも載荷を担当する学生2人は、ヘルメット、安全靴、保護メガネ、軍手を着用。安全に十分配慮しつつ、主管校である和歌山高専の学生の司会により競技は進行した。競技の序盤で、載荷ワイヤーが外れる、載荷台のスパンに3mmの誤差が生じるなどのトラブルが発生したが、その他、大きなトラブルは発生せず、順調に競技が進んだ。

結果は募集当初の予想と大きく異なり55作品中、32作品が60kgの荷重に耐えることができた。最大比強度は367.9に達した。また、各作品とも平均的に1kg程度の質量だろうという当初の予測とは異なり、大幅な軽量化に成功しつつ予定された耐荷性能を備えた作品が多く、再度、驚かされた（本書54ページ表1参照）。

なお、参加作品の約70%の基本構造がアーチ形式であったことから、課題の設定に若干問題があった可能性を再認識させられた。（山田 宰　和歌山高専）

【**受賞作品**】（総合得点順）
最優秀賞（国土交通大臣賞）　米子高専（40）：叶和夢
優秀賞　徳山高専（27）：繊月／徳山高専（26）：美環
日刊建設工業新聞社賞　新居浜高専（09）：銅夢橋
審査委員特別賞
舞鶴高専（11）：バケモノの弧／小山高専（52）：Reinforce FRAME／都城高専（23）：MIYAMA

＊高専名後ろの（　）内の2桁数字は作品番号

構造デザイン部門応募要項と競技内容（要約）

◆模型（製作物）の設計・製作条件

1. 構造形式
単純支持形式の構造体

2. 載荷条件
支間中央に鉛直下向きの荷重を載荷する

3. 寸法
①幅1,000mm×高さ200mm×奥行200mmの直方体内に収まる寸法
②模型の支間長 *1 は900mm以上
③左右の支点を結ぶ水平線より下に部材が入ってはならない
④載荷棒を模型に装着した時、載荷棒下面が支点上面から上方10mm以内（図-1参照）

4. 質量
模型の総質量に制限なし

5. 使用材料
①使用可能な材料は、銅線とハンダ
②銅線の径は番手#14～#22でいかなるメッキ、塗装も施されていないもの

6. 部材の加工・接合
銅線については、板状に薄く伸ばす加工以外の加工は可能。また、部材同士の接合はハンダ付けのほか、上記の規格を満たす銅線を用いて緊縛しても構わない

◆競技内容

「メタルブリッジ」の模型を製作し、その模型の耐荷性能、質量の小ささ、デザイン性などを競う

1. 載荷方法
模型を載荷装置に載せ、スパン（支柱間）中央に集中荷重として、1回めは30kg、2回めは15kg、3～5回めはそれぞれ5kgのおもりを作用させる（図-1参照）

2. 耐荷力
耐荷性能試験で載荷終了後、10秒経過したのちのおもりの質量の合計を耐荷力とする

3. 破壊の規定
以下の条件を満たした場合、「破壊」となり、その直前回までのおもりの質量の合計を耐荷力とする（図-1参照）
①おもり受けが落下しステージ上の防振マット上面に接触した場合
②おもりが、おもり受けから滑り落ちた場合
③リニアガイドを組み込んだ支点が競技開始時の位置から水平方向に、左右のいずれかに20mm以上移動した場合
④模型が支点部のL型アングル以外に接触した場合

◆審査方法（評価方法）

応募作品（模型、プレゼンテーションポスター）は、①審査委員評価点、②比強度点の2項目について審査し、各々の得点を以下のように算定（小数点以下は小数第1位を四捨五入して整数化）する
（結果は本書54ページ表1参照）

①審査委員評価点＝50点満点
審査委員審査を含め、審査委員が評価した採点結果を平均し得点化する。その評価は、審査委員が独自に定める②を除いた評価基準に基づくものとする

②比強度点

$$= 50点 \times \frac{\text{チームの比強度}\,^{*2}}{\text{全チームの比強度の最大値}} \times \alpha \times \beta$$

α：表-1に示す値を用いる
$\beta = (0.9)^n$
n：20秒以内に載荷が完了しなかった載荷（設置遅延）の回数

③総合得点
100点満点として、審査委員評価点を20％、比強度点を80％の比率で、下記の数式にて合算した総合得点により順位をつける

総合得点＝（比強度点×0.8＋審査委員点×0.2）×2

ただし、仕様を満たしていない場合は総合得点を0.7倍にする。小数点以下は四捨五入して整数化する
審査委員特別賞については審査委員が独自の観点で選定

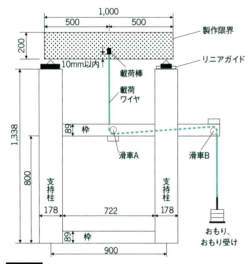

図-1：載荷装置（単位：mm）
正面図

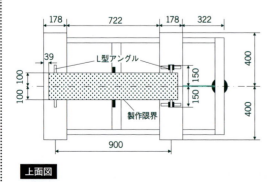

上面図

表-1：比強度点の係数α

耐荷力	α
60kg	1.0
55kg	0.7
50kg	0.5
45kg	0.4
30kg	0.3

註
*1 支間長：2つの支持柱の中心から中心までの長さ（図-1参照）
*2 比強度：耐荷力を模型質量で除したもの＝耐荷力（kg）／構造模型の質量（kg）＝（自重の何倍の重さに耐えられるかを表す値）

本選48作品

本選作品

08｜新居浜高専

総合得点：58

銅（あかがね）橋

◎徳永 拳也／高井 瑛平［機械工学科5年］
担当教員：谷口 佳文［機械工学科］

本選作品

37｜呉高専

総合得点：58

PARA-ARCH

◎秋光 大地／相川 裕一／小田 祐太／松下 菜緒（4年）／井上 咲／田中 瑞希（2年）［建築学科］
担当教員：松野 一成［建築学科］

本選作品

12｜舞鶴高専

総合得点：44

日の出

上原 正也／上原 直也／横山 瑠南（3年）／
◎舛谷 大志／八木 大輔（2年）／岡下 大陸（1年）
［建設システム工学科］
担当教員：玉田 和也［建設システム工学科］

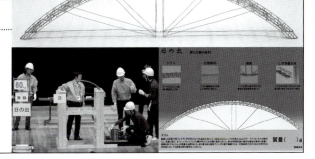

本選作品

22｜呉高専

総合得点：44

ヤマトブリッジ

◎木山 直道／久田 純平／藤平 卓也／岡部 知里（5年）／清水 航祐（4年）／島村 柚香（3年）［環境都市工学科］
担当教員：河村 進一［環境都市工学科］

本選48作品

16｜松江高専

総合得点：38

ユッキー

◎児玉 悠［生産・建設システム工学専攻専攻科1年］／原 拓郎［電子制御工学科4年］／川谷 光風（3年）／石橋 康貴／亀井 悠喜信／月坂 真菜（2年）［環境・建設工学科］
担当教員：山口 剛士［環境・建設工学科］

25｜和歌山高専

総合得点：38

UNISON ARCH BRIDGE

◎中村 圭佑／神谷 優征／山本 和輝／前田 忠輝（4年）／中山 惇／水野 良哉（2年）［環境都市工学科］
担当教員：山田 宰［環境都市工学科］

41｜米子高専

総合得点：38

月匠乃繋手

◎渡部 航大［機械工学科4年］／小川 祥吾／中村 駿希／中山 貴裕／野津 直樹／宮坂 杏菜［建築学科4年］
担当教員：山田 祐司［建築学科］

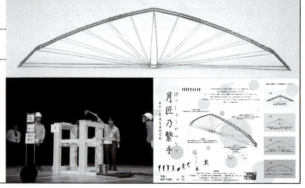

48｜八戸高専

総合得点：38

陸奥の櫻花
──倭武多の如し

◎西野 崇行／小野 光太郎／天間 遼太郎［産業システム工学専攻専攻科1年］／北向 拓仁［機械工学科5年］／今泉 尚也（3年）／畠山 拓也（2年）［建設環境工学科］
担当教員：丸岡 晃［建設環境工学科］

本選48作品

21｜熊本高専（八代）

総合得点：36

カッパブリッジ

◎今村 謙介／大塚 陸／島田 空／
オドゥスレン・テグシバヤル［建築社会デザイン工学科5年］
担当教員：後藤 勝彦［建築社会デザイン工学科］

15｜松江高専

総合得点：34

けんぢっち

橋田 一輝（4年）／◎田中 建治（3年）／遠藤 和弥／
田村 拓登（2年）［環境・建設工学科］／
山根 祥平（2年）／中川 景太（1年）［機械工学科］
担当教員：山口 剛士［環境・建設工学科］

34｜福井高専

総合得点：34

ダイナソウル

◎山貫 緋称（3年）／大原 裕也／酒井 大翔（1年）
［環境都市工学科］／釜本 恭多／小濱 真宏／
富田 大樹［機械工学科3年］
担当教員：吉田 雅穂［環境都市工学科］

45｜苫小牧高専

総合得点：32

宝寄山

◎柴田 大輝／藤田 浩気（4年）／市村 佑哉（3年）／
佐々木 拓海（1年）［環境都市工学科］
担当教員：所 哲也［環境都市工学科］

本選48作品

13｜仙台高専（名取）

総合得点：30

TRUSS NO OWARI

◎本郷 卓也／五十嵐 巧／松崎 拓馬（5年）／
中島 航平（2年）[建築デザイン学科]
担当教員：藤田 智己[建築デザイン学科]

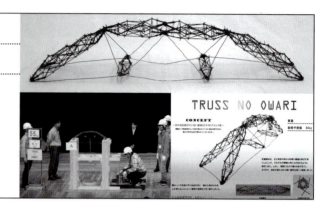

04｜福島高専

総合得点：28

あめんぼ：re

遠藤 健悟／仁平 成美／原田 真衣（5年）／
◎鹿又 善憲（4年）／草野 泰治（3年）[建設環境工学科]
担当教員：加村 晃良／根岸 嘉和[建設環境工学科]

31｜秋田高専

総合得点：28

Squared

◎坂田 寛樹／佐藤 元気（5年）／菅原 未来／
伊藤 那央也／高橋 拳太／貴志 拓真（1年）[環境都市工学科]
担当教員：寺本 尚史[環境都市工学科]

42｜釧路高専

総合得点：28

Schicht!

◎板屋 春輝／増田 悠一郎／松原 浩介／森 眞隆（3年）／小川 花音（2年）／鈴木 美生（1年）[建築学科]
担当教員：西澤 岳夫[建築学科]

本選48作品

49｜有明高専

総合得点：28

トラストシャチョウ

◎馬場 舞子／池田 辰弥／堤 直斗（専攻科2年）／
立野 文（専攻科1年）[建築学専攻]
担当教員：岩下 勉 [建築学専攻]

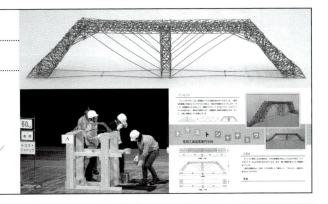

01｜明石高専

総合得点：26

Dr. 河童ぁ。

◎井上 晃祐／岡村 幸志郎／勝田 浩暉／辻 知樹／
鳥越 友輔／納庄 一希 [都市システム工学科5年]
担当教員：三好 崇夫 [都市システム工学科]

07｜岐阜高専

総合得点：26

Twist

◎堀口 智哉／浅野 七生哉 [建設工学専攻専攻科1年]
担当教員：下村 波基 [建設工学専攻]

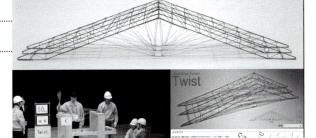

30｜香川高専（高松）

総合得点：24

オリーブリッジ

◎岡本 孝裕／澤井 達哉／中根 嶺（4年）／
岡田 航太／福岡 拓朗／三苫 憲伸（1年）[建設環境工学科]
担当教員：林 和彦 [建設環境工学科]

本選48作品

54｜長野高専

総合得点：24

偃月の大拱門

上野 晃嗣／嘉部 圭祐（5年）／◎伊藤 優作／永田 大輔／藤井 健太／村山 大一（4年）[環境都市工学科]
担当教員：奥山 雄介[環境都市工学科]

02｜明石高専

総合得点：22

ちねり橋

◎高田 耕庸／橋本 功／岡田 雄臣／石塚 隼人／木村 直裕（4年）／岡本 祐（3年）[都市システム工学科]
担当教員：三好 崇夫[都市システム工学科]

24｜和歌山高専

総合得点：22

Simple

◎瀬村 大地／岡崎 良芽／中垣 和登／岩垣 瑞希／西浦 万里奈（4年）／山東 大輝（2年）[環境都市工学科]
担当教員：山田 宰[環境都市工学科]

53｜長野高専

総合得点：22

機関車トーラス

長峯 史弥[生産環境システム専攻専攻科2年]／渡辺 空美（5年）／◎岡田 健汰／頓所 燎／福原 冴基／渡邉 太一（4年）[環境都市工学科]
担当教員：奥山 雄介[環境都市工学科]

本選48作品

05 | 阿南高専

総合得点：20

スペーストラスV3X

◎大平 澪（5年）／武市 彰太／柴原 一帆（4年）[建設システム工学科]
担当教員：笹田 修司／森山 卓郎[建設システム工学科]

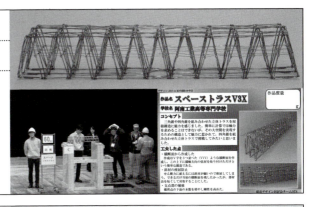

39 | 近畿大学高専

総合得点：20

一手一つ

◎篠原 雅登／伊藤 彰汰／中塚 勇輝／福永 基成
[総合システム工学科5年]
担当教員：松岡 良智[総合システム工学科]

06 | 阿南高専

総合得点：18

こんなはずでは

◎中村 亨（5年）／増金 沙織／中島 樹理（4年）[建設システム工学科]
担当教員：笹田 修司／森山 卓郎[建設システム工学科]

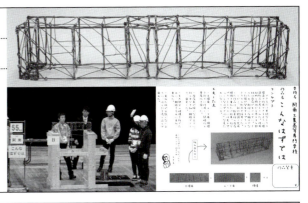

29 | サレジオ高専

総合得点：18

ぐるぐる

稲垣 天門／加藤 拡実（4年）／◎阿部 卓也／
岡橋 のどか（3年）／田中 大智／高橋 功武（2年）
[デザイン学科]
担当教員：谷上 欣也[デザイン学科]

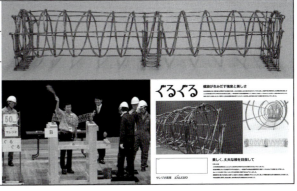

本選48作品

36 ｜ 神戸市立高専

総合得点：18

六甲山トラス

◎上月 崇史／久保川 裕喜／栗谷 樹／近藤 綾香／佐伯 俊輔／佐々木 詩乃 [都市工学科4年]
担当教員：酒造 敏廣 [都市工学科]

38 ｜ 近畿大学高専

総合得点：18

Copper Bridge

◎中岡 裕志（5年）／大前 昭晴／中野 沙紀／松木平 このえ／本橋 拓大（2年）[総合システム工学科]
担当教員：松岡 良智 [総合システム工学科]

46 ｜ 鈴鹿高専

総合得点：18

Spider

◎佐藤 優香 [生物応用化学科1年]／伊藤 美夢 [電子情報工学科1年]
担当教員：南部 紘一朗 [機械工学科]

03 ｜ 福島高専

総合得点：16

Fukushima Lattice

◎金成 雅季／磯上 友輝／田邉 陽（5年）／金野 実紗（2年）／原田 一宏（1年）[建設環境工学科]
担当教員：加村 晃良／根岸 嘉和 [建設環境工学科]

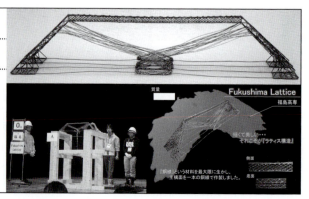

本選48作品

10 | 金沢高専

総合得点：16

OYAMA NO HUMOTO

◎笠本 大貴／江下 耀介［機械工学科5年］
担当教員：金井 亮［機械工学科］

14 | 仙台高専（名取）

総合得点：16

千とチョットのアーチ橋

◎若松 尚輝［生産システムデザイン専攻専攻科2年］／猪股 史也／羽野 遼汰（5年）／阿部 佳亮（4年）／須田 裕人（2年）［建築デザイン学科］
担当教員：藤田 智己［建築デザイン学科］

17 | 香川高専（高松）

総合得点：16

Wire King

◎津田 弘晶／安藤 寛幸／石川 健介／岡田 啓／岡田 純／山崎 一志［機械工学科3年］
担当教員：福井 智史［機械工学科］

18 | 石川高専

総合得点：16

Emotional Support

酒谷 達矢［環境建設工学専攻専攻科2年］／稲元 夏美／◎坪野 菜々子／吉野 嵩生［建築学科5年］
担当教員：船戸 慶輔［建築学科］

本選48作品

19｜石川高専

総合得点：16

よさげなブリッジ

◎杉原 季弥登／中村 正人／越森 慧音／浦野 夕佳／金谷 かおり／Ny Vannat［建築学科4年］
担当教員：船戸 慶輔［建築学科］

32｜群馬高専

総合得点：16

一弦双弧彩

菊池 力斗（5年）／◎青木 孝成／大熊 里奈／柳田 香穂（4年）／仲澤 結絵／小保方 快（3年）［環境都市工学科］
担当教員：木村 清和［環境都市工学科］

33｜群馬高専

総合得点：16

Spoke-bridge

北爪 皓（5年）／田村 彩由郁（4年）／◎齋藤 駿介／松岡 香歩／吉井 健太（3年）／斎藤 渓太（1年）［環境都市工学科］
担当教員：木村 清和［環境都市工学科］

47｜八戸高専

総合得点：16

五郎丸

◎新毛 友哉／坂本 萌／神山 史奈／田中 啓惇／日脇 陸生［建設環境工学科4年］
担当教員：丸岡 晃［建設環境工学科］

本選48作品

50｜大阪府立大学高専

総合得点：16

今が旬

◎井上 俊／喜多 崚介／田畑 直樹／岡本 拓実／川崎 恭平［総合工学システム学科都市環境コース4年］
担当教員：岩本 いづみ［総合工学システム学科都市環境コース］

28｜豊田高専

総合得点：14

銅に叶った

◎石川 智也／佐藤 寛樹／中根 康智／日比野 司／渕江 蓮［建設工学専攻専攻科1年］
担当教員：川西 直樹［建設工学専攻］

35｜神戸市立高専

総合得点：14

KCCT Bridge

◎皿上 貴浩／池澤 正太／辻 勲平／西川 昌輝［都市工学科5年］
担当教員：酒造 敏廣［都市工学科］

43｜長岡高専

総合得点：14

Cu-be

◎山田 滉希［電子制御工学科2年］／和田 眞治［機械工学科2年］／藤田 拓実［物質工学科2年］／大越 悠生［環境都市工学科2年］
担当教員：宮嵜 靖大［環境都市工学科］

本選48作品

55｜北九州高専

総合得点：12

チャチャブリッジ

立元 陽祐［生産工学専攻専攻科2年］／
◎櫻木 秀一／古舘 瞬己／福島 義貴／江口 隆治
（5年）／廣瀬 美佳（4年）［機械工学科］
担当教員：田淵 大介［機械工学科］

20｜高知高専

総合得点：10

こうちゃんⅡ

◎有光 功太／石川 凌／小山 敦也／土居 龍斗／
宮﨑 新／小松 将大［環境都市デザイン工学科5年］
担当教員：西岡 建雄［環境都市デザイン工学科］

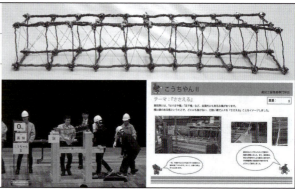

44｜長岡高専

総合得点：10

The Bridge
──Final

◎佐藤 信輔（5年）／中村 真由（3年）／佐野 栞／
高井 勇人（2年）／鶴田 悠夏（1年）［環境都市工
学科］
担当教員：宮嵜 靖大［環境都市工学科］

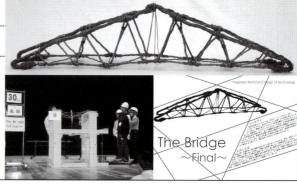

51｜大阪府立大学高専

総合得点：10

尾中が好いた

◎北村 祥太／尾中 一帆／本間 聖也／平子 遼／
中村 天洲［総合工学システム学科都市環境コース
4年］
担当教員：岩本 いづみ［総合工学システム学科都
市環境コース］

審査委員紹介

審査委員長
岩崎 英治
（いわさき　えいじ）
長岡技術科学大学大学院　教授

1962年	北海道生まれ
1985年	長岡技術科学大学工学部建設工学課程卒業
1987年	同大学院工学研究科建設工学専攻修士課程修了
1990年	同大学院工学研究科材料工学専攻 博士課程修了　工学博士 同学建設系　助手
1998年	徳山工業高等専門学校土木建築工学科　助教授
2000年	長岡技術科学大学環境・建設系　助教授
2007年	同　准教授
2012年	同　教授
2015年	同大学院工学研究科環境社会基盤工学専攻　教授

主な活動

鋼橋を中心とした土木鋼構造の構造解析法をはじめ、腐食耐久性の向上のため腐食環境評価、防食法、および既設鋼構造の余耐力評価、リダンダンシー評価法などを中心に活動。学会活動として、土木学会構造工学委員会継続教育小委員会　委員長（2012年-）、日本鋼構造協会「土木鋼構造診断士」テキスト改訂小委員会　委員長（2013年-）、土木学会鋼構造委員会既設鋼構造物の性能評価と回復のための構造解析技術に関する小委員会　委員長（2015年-）など

主な共著書、論文

「耐候性鋼橋梁の可能性と新しい技術」（共同執筆、『テクニカルレポート』No.73、2006年、日本鋼構造協会）、「耐候性鋼橋梁の適用性評価と防食予防保全」（共同執筆、『テクニカルレポート』No.86、2009年、日本鋼構造協会）など

主な受賞

土木学会構造工学シンポジウム論文賞（2015年）など

審査委員
齊藤 大樹
（さいとう　たいき）
豊橋技術科学大学　教授

1962年	北海道伊達市生まれ
1985年	東北大学工学部建築学科卒業
1987年	東北大学大学院工学研究科建築学専攻 修士課程修了
1990年	同博士課程修了、工学博士取得 東北大学工学部建築学科　助手
1992年	米国イリノイ大学土木学科　客員研究員
1996年	建設省建築研究所第3研究部　主任研究員
2002年	建築研究所構造研究グループ　上席研究員
2004年	同研究所国際地震工学センター　上席研究員
2007年-	日本免震構造協会　国際委員長
2011年-	国際制振学会（ASSISi）理事
2011-13年	日本地震工学会　理事
2012年	豊橋技術科学大学都市・ 建築システム学系　教授
2013年	同　安全安心地域共創リサーチセンター長 第13回世界免震震会議　実行委員長

主な活動

都市・建築物の地震災害軽減に向けた研究開発、免振・制振技術など我が国の最先端技術の海外への普及などを中心に活動。学会活動として、日本免震構造協会　国際委員長（2007年-）、国際制振学会（ASSISi）理事（2011年-）、日本地震工学会理事（2011-13年）など

主な著書

『耐震・免震・制震のはなし』（2005年、日刊工業新聞社）、『トコトンやさしい地震と建物の本』（2013年、日刊工業新聞社）など

主な受賞

コンクリート工学年次講演会優秀講演賞（1991年）、独立行政法人建築研究所理事長業績表彰（2002年）、外務大臣感謝状「アルジェリア国際緊急援助隊」（2004年）など

審査委員紹介

審査委員
藤本 善博
（ふじもと　よしひろ）
国土交通省　職員

1956年	福井県小浜市生まれ
1976年	建設省（現・国土交通省）入省
2002年	近畿地方整備局兵庫国道事務所　調査課長
2004年	同局道路部道路管理課　課長補佐
2006年	同局同部道路工事課　課長補佐
2007年	同局滋賀国道事務所　副所長
2008年	同局奈良国道事務所　副所長
2010年	同局和歌山河川国道事務所　副所長
2012年	同局道路部　特定道路工事対策官
2015年	同局同部　道路工事課長

審査委員
寳角 正明
（ほずみ　まさあき）
高田機工株式会社　社長

1946年	兵庫県姫路市生まれ
1969年	神戸大学工学部土木工学科卒業
	高田機工入社
1996-99年	和歌山高等専門学校　非常勤講師
2001年	高田機工　取締役技術本部長兼設計部長
2004年	神戸大学大学院自然科学研究科
	地球環境科学専攻博士課程修了　博士（工学）取得
2005年	高田機工　取締役常務執行役員工事本部長
2007年	同社　専務取締役執行役員工事本部長
2008年	同社　代表取締役社長

主な活動
学会活動として、日本橋梁建設協会技術部　会員(1995-2004年)、同協会　監事(2008年-) など。その他、阪神高速道路公団鋼構造物委員会　委員(1986-97年)など

Social Design Competition

創造デザイン
部門

課題テーマ：生活環境を災害から守る

2011年の東日本大震災を契機として防災・減災の研究や議論が活発になり、その過程でレジリエンスの概念が話題となっている。レジリエンスとは、たとえば、内閣府のナショナル・レジリエンス（防災・減災）懇談会のHPでは「レジリエンス（強靭化）」と記されているが、英和辞書で冒頭に掲載されている意味は、「はねかえり」「弾力」「回復力」などである。また、心理学の分野においては、精神的に困難な状況を経験しても「逆境を越えてたくましく適応していく」人たちの存在が明らかにされたことでレジリエンス概念が注目されるきっかけになったという指摘がある。

地域における災害対応として、災害という「逆境」を越えてたくましく適応していくことを1つの目指すべき方向と考えることができる。東日本大震災のような大規模災害においては地域の生活基盤となる電力供給や下水処理などの循環系インフラが大きな被害を受け、長期にわたり生活への障害が発生した。このような循環系インフラへの大規模なダメージに対して、地域の力で生活を守るとともに、その逆境を復興と将来の発展へとつなげることができないか、その可能性を探りたいと考える。

今回の創造デザイン部門では、災害に対して「逆境を越えてたくましく適応していく」レジリエンスの高い地域の構築に向けたハード（施設、設備、機材、資材など）とソフト（人、コミュニティによって工夫されるハードの活用方法など）を組み合わせた提案を募集する。提案内容としては、上水・エネルギー供給、下水・ごみ処理などの循環系インフラが停止した状況への対応を対象とする。

Category
03

タイムライン *Timeline*

予選応募作品: **26**
予選応募 2015.08.31-09.07
予選 2015.09.29

本選出場作品: **10**

受賞作品: **5**

本選 2015.11.14
1　プレゼンテーション
2015.11.15
2　ポスターセッション
3　公開審査

プレゼンテーションポスター提出期間
2015.08.31-09.07

最優秀賞（文部科学大臣賞）
明石高専：酒蔵を守り、酒蔵に守られる
優秀賞
米子高専：人は城！ 人は石垣！ 人は堀！！
仙台高専（名取）：祭りで地域強靭化、参加で住民協人化
審査委員特別賞
明石高専：今日から君も「おはしも」ファイターだ!!
和歌山高専：Challenge by rain water ——人を守る雨水

最優秀賞 文部科学大臣賞

15 | 明石高専
酒蔵を守り、酒蔵に守られる

◎河本 有希［建築学科5年］
担当教員：大塚 毅彦［建築学科］

|審査講評|

「酒蔵を地域の防災拠点として使用する」という発想が斬新である。酒蔵を地域の文化財としてとらえ、その保護とともに地域に役立てる提案を構想した点に新規性と独自性があり、提案者の熱意を感じさせる作品である。
機能面ではフィールド調査に基づき、酒蔵の温湿度を一定に保つ機能が居住空間としてもすぐれていることや、保有している井戸により上水供給遮断時でも飲料水確保が可能なこと、製品である甘酒や麹を活用した非常時の栄養補給対応など、酒蔵の防災拠点としてのすぐれた潜在力を強調できている点が評価できる。また、展示されたポスターや模型も提案内容をアピールするのに有効であった。
一方、日常時の地域との連携やバックアップ体制、技術的・数値的なバックデータの不足による実現性への疑義については、予選時よりは改善が見られたものの、まだ課題として残る。

優秀賞

02｜米子高専
人は城! 人は石垣! 人は堀!!

國米 岳[建築学専攻専攻科2年]／
○本谷 菜月／松下 華子／箱木 昂[建築学科5年]
担当教員：熊谷 昌彦／金澤 雄記[建築学科]

審査講評

文化財である古城を地域の防災拠点に使用するという発想が斬新であり、文化財に対する既成観念を打破したことにまず敬意を表したい。

籠城を考慮した居住空間、井戸、トイレなどの設計提案には説得力があった。地域防災データや聞き込み調査によって状況把握に努めている点、地域住民の既成組織と新たな組織による役割分担の提案により災害時の機能向上を図る点も注目された。このように古城に付加価値を与えたことは評価に値する。また、「災害時タイムライン」の提案によって、計画に具体性を持たせている。ポスターと模型に加えて、説明動画は提案内容を伝えるのに有効で、プレゼンテーションとしてもすぐれている。

一方、日常時の地域住民間のコミュニケーション形成への対策については、古城と連携する必然性が見えにくく、この点で提案の説得力を弱めてしまったのが残念だ。

優秀賞 22｜仙台高専（名取）
祭りで地域強靭化、参加で住民協人化

岩田 龍弥／小野寺 修／菊池 亜実／星 祐希 ［建築デザイン学科5年］
担当教員：小地沢 将之 ［建築デザイン学科］

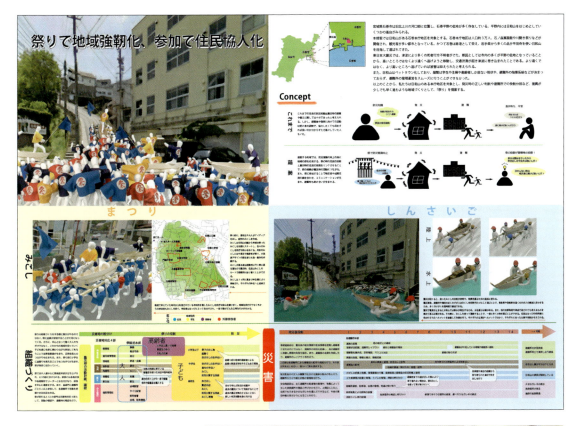

| 審査講評 |

地域強靭化の手法として「祭り」に着目して、その具体案を提示したことが評価に値する。また、提案者の高専は東日本大震災の被災地にあり、災害時と被災後の状況を把握し、その内容を提案に反映することで、実現性を感じさせる説得力のある提案となっている。

まず、対象地域である宮城県石巻市の災害時の状況について、避難行動での判断の甘さや地域コミュニティ能力の低下を問題点として指摘し、その対策として祭りに着目した点が着想としてすぐれている。続いて、祭りにおける役割分担とタイムラインを詳細に検討し、その上で災害とリンクさせたことが計画に現実性を持たせている。

問題点の把握についての地域調査ですぐれた成果をあげている一方で、提案の効果の分析については、もう少し地域調査を深めたらよかったのではないかと残念に感じた。

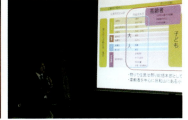

審査委員特別賞

14｜明石高専

今日から君も「おはしも」ファイターだ!!

◎濱本 豊［建築学科4年］／今井 美佑／神足 美友／松山 祐也［都市システム工学科2年］
担当教員：中川 肇［建築学科］

|審査講評|

震災被害の経験がある新興住宅地を対象地として、ハード的には防災設備が充実し、防災意識の高い地域への対策として提案されている点が注目された。新興住宅地の弱点である地域コミュニケーション不足を補うための対策として、子供中心の「祭り」を提案している点に独自性があり、他の地域も見習うべき点があるということで選定された。

審査委員特別賞

18｜和歌山高専

Challenge by rain water ──人を守る雨水

◎舟原 勇輝／前山 誠志／佐藤 周太／糸川 真奈［環境都市工学科4年］
担当教員：靏巻 峰夫［環境都市工学科］

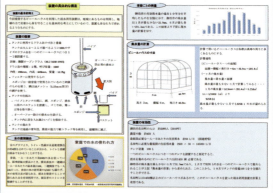

|審査講評|

対象地域に数多く存在するビニールハウスを活用するところが、「地域資源の活用」という面ですぐれている点としてまず挙げられる。また、決して高度な技術的提案ではないので評価の分かれるところではあるが、確実に効果は期待でき、実施も容易で具体性があるという点が注目された。

本選5作品

本選作品 09｜阿南高専
ミミズの生ゴミ処理

◎中野 恭平／永久 晴海／三原 弘暉／山本 喬介[建設システム工学科4年]
担当教員：加藤 研二／池添 純子[創造技術工学科建設コース]

本選作品 13｜明石高専
MADE BY FOREST/STAND BY MARKET

◎中谷 亮太[建築学科5年]
担当教員：工藤 和美[建築学科]

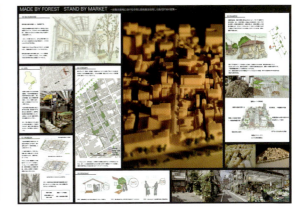

本選作品 17｜和歌山高専
自転車発電フルコース──明日起こるかもしれない大地震に備える

◎土場 雅将[環境都市工学科4年]
担当教員：靏巻 峰夫[環境都市工学科]

本選作品 20｜阿南高専
海水を蒸留して飲めるようにしよう!!

◎多田 彩奈／柏谷 浩平／福山 慎太郎／井上 雅都［建設システム工学科4年］
担当教員：加藤 研二／池添 純子［創造技術工学科建設コース］

本選作品 25｜徳山高専
ユニットトイレ──トイレで変える避難所生活

◎藤村 幸大／中嶋 泰史（5年）／横屋 翔（2年）／組島 嘉人（1年）［土木建築工学科］
担当教員：平栗 靖浩［土木建築工学科］

本選 審査総評

自分たちの技術や知識をどう適用するか

細川 恭史（審査委員長）

多彩な提案に出合えた刺激的な審査

今回応募された全26作品には、ちょっとした工夫から、地域全体を変えようとする計画まで、実に多様な提案が見られた。予選で落選した作品の中にも、おもしろい提案はあったが、それらはもう少し工夫が必要との判断により本選への進出がかなわなかった。本選に参加した作品はいずれも力作で、審査委員も勉強になるような提案であった。受賞作品とそれ以外の作品との差は小さく、入賞を逃したチームも胸を張っていただきたい。このような提案を審査することは審査委員にとって興味深く、刺激的なことであった。

被災によって地域のインフラが停止した時に、地域に何が起きるかを対象地域の現場で想定される状況について掘り下げて調査する、課題を見つける。その状況に対して自分たちの持っている技術や知識をどのように適用するのか、どのように問題を解決に導くのかというアイデアを出し合い、ディスカッションを通して実際に被災した現場で使えるようにする。このような過程において、本選10作品の提案する内容には高専の学生らしい柔軟性が見られた。

状況や要請を具体的にイメージする

参加者の取組みに対して、感じたことが2つある。
まず1つめ。普段当たり前に受けていたエネルギーや上水の供給、廃棄物処理などのサービスがストップする。また、日常を過ごしていた場所から避難所のような日常と相違する場所に移動しなければならなくなる。このような時に何が起きるのか、どのような困難や課題に直面するのかを具体的にイメージできることが課題解決上の大きなポイントだと考えられる。高専の学生は一般の人にはない技術や知識を持っているが、その技術や知識に基づくアイデアを社会に役立てようとする時には、社会的な要請をどれだけ具体的にイメージできるかが重要になる。その点で、阪神・淡路大震災や東日本大震災の被災地の学校からの参加を得たことはうれしく、感謝している。

アイデアを磨き上げ、よいアイデアは取り入れる

次に、「こんなことができたらいい」「こんなことができる」というアイデアが出た場合でも、それを技術として、または、社会の仕組みとして有効に活用するためには、さらに磨き上げの作業が必要となるということ。どのようにしたらアイデアを磨き上げることができるかという悩みや疑問に対する参加者の取組み方はすぐれていると感じた。多くのチームが対象地域となる現場に行ったり、被災地の様子を見たり、いろいろな人たちの意見を聞いたり、意見交換をしたりしている。自分たちの考えの中だけに閉じこもることなく、対象地である実際の現場に近づくこと、現場の人たちの意見を聞くことでアイデアを磨き上げることができる。いろいろな人と意見を交換している分だけ提案内容に深みが出ていると感じられた。

また、本選に参加した学生たちは、両日を通して他のチームのメンバーと交流を図る中で、他の作品のすぐれたアイデアによって新たに気づかされる点も多かったと思う。1つの提案で問題をすべて解決できるものではない。その点では、自らの限界を認識することも重要である。限界を認識した上で、希望としては、他からよいアイデアを取り入れて組み合わせ、重層化を図ることで、さらによい提案にしていってほしい。これが実現すれば、この場に集まったことがさらに意義深いものになるだろう。

このデザコンを機会に、参加したみなさんには、技術が社会と共に生きるということ、社会に役立つ技術というのはどのようにして作られるかということを考え続けてほしい。

＊2015年11月15日 公開審査での発言をもとに作成

本選審査総評

新しい発想による多様な提案
此松 昌彦（審査委員）

　本選に参加した作品には多様な提案があり、その上、どれも甲乙つけがたい内容であった。その中には審査委員も勉強させてもらったものがいくつかあった。

　避難所運営に関する提案は多く、課題抽出にあたって、自分たちで調べてみるほかに自主防災の専門家に意見を訊くという新たな発想をもって取り組んだチームがあった。一方、水、発電（電力）、トイレという、被災時の重要な課題であり、避難生活をする人々にとって非常にストレスのたまる問題に対して、いろいろな提案があった。

　施設に関する提案にも新たな発想に基づくものがあり、「こんな発想があったか」と感心させられた。

　また、災害の教訓や対応を地域に伝える方法として祭りの手法を使うという提案には、防災・減災において地域コミュニケーションを構築することの重要さを再認識させられ、「大事なポイントを知っているな」と感じた。

　まちづくり系の作品の中には、空いている空間をどう利用していくかについての提案があった。実現に向けてはまだ課題があるかもしれないが、防災対策が難しい住宅密集地帯において、空間があれば対策が可能になるという面からは大事な提案だと言える。

　いずれの作品も実現性という点ではまだ課題が多いかもしれないが、いろいろな発想からの提案は審査委員にとっても勉強になった。そのような提案作成の努力に対して敬意を表したい。

アイデアの斬新さ、社会の仕組みへの理解
馬場 健司（審査委員）

　初日のプレゼンテーションから始まり、公開審査のショートプレゼンテーションまで、最後まであきらめずに、自分たちの作品の向上を目指して、質疑に対応したり、考えたりする参加者の姿勢には非常に好感を持てた。創造デザイン部門は、他部門と比較して制約の少ない課題であったため、予選の段階では非常に多様な提案が見られた。本選でも、予選段階での多様さを維持したままの作品群の審査に臨むことになった。多様な提案は同じ評価軸で比べにくいため、審査が難しいという面もあった。

　審査にあたっては、以下の視点をもとに評価し、採点した。
①自分自身の専門がフィールドリサーチ（現地調査）を重視する分野であることから、技術的な内容にとどまるのではなく、社会の仕組みを考慮した提案になっているか、という点を重視した。
②創造デザイン部門という部門名にふさわしく、アイデアの斬新さに着目した。
③今回のデザコン全体のテーマ「ささえる」に照らして、「何をもって何を支えるか」が明確になっている提案であることを重要だと考え審査した。
④提案が完成されていることも重要ではあるが、完成度にかかわらず、作者がどこまでわかっていて、どのような点をわかっていないかを自身で理解しているかどうかに注目し、理解できている作品を評価した。

＊2015年11月15日　公開審査での発言をもとに作成

開催概要

創造デザイン部門概要

課題テーマ	生活環境を災害から守る
審査委員	細川 恭史[委員長]、此松 昌彦、馬場 健司
応募条件	4人までのチームによるもの
応募数	26作品(84人、12高専)
応募期間	プレゼンテーションポスター提出期間：2015年8月31日(月)〜9月7日(月)

本選審査

日時	2015年11月14日(土)〜15日(日)
会場	和歌山県民文化会館　5階大会議室
本選提出物	プレゼンテーショポスター：A1判パネル1枚(横向き)。3mm厚のスチレンボードに貼りパネル化。予選への応募ポスターを基本に提案全体を説明するもの。予選での提案の基本ベース(対象とした循環系インフラの種類や対策項目など)を変更しない範囲での改善は可 提案内容を補足説明する展示物：規格の展示スペースの範囲内で、追加プレゼンテーションポスター、模型、装置、パソコンによるデモ、実演など各チームが任意に工夫したものを展示可能 展示物のデータ：ポスター類の画像データ、パソコンによるデモの画像等のデータ、プレゼンテーション用データ、その他模型等の撮影画像データ
展示スペース	テーブル：幅1,800mm×奥行600mm×高さ700mm。ポスター掲示用パネル：幅900mm×高さ1,800mm×2枚。テーブル背面に設置。展示物はテーブル卓面上部のスペースに掲示可能
審査過程	参加数：10作品(31人、6高専) 日時：2015年11月14日(土) ①プレゼンテーション　13:00〜17:00 日時：2015年11月15日(日) ②ポスターセッション　9:00〜12:00 ③公開審査　13:00〜14:00

本選 概要

バラエティに富んだ展示物とプレゼン手法

プレゼンテーション

オリエンテーション開始前の抽選により、プレゼンテーションは下記の順番で行なうことになった。

1 仙台高専（名取）『祭りで地域強靭化、参加で住民協人化』(22)
2 明石高専『MADE BY FOREST/STAND BY MARKET』(13)
3 阿南高専『海水を蒸留して飲めるようにしよう!!』(20)
4 和歌山高専『自転車発電フルコース──明日起こるかもしれない大地震に備える』(17)
5 和歌山高専『Challenge by rain water──人を守る雨水』(18)
6 徳山高専『ユニットトイレ──トイレで変える避難所生活』(25)
7 明石高専『今日から君も「おはしも」ファイターだ!!』(14)
8 明石高専『酒蔵を守り、酒蔵に守られる』(15)
9 米子高専『人は城! 人は石垣! 人は堀!!』(02)
10 阿南高専『ミミズの生ゴミ処理』(09)

各チームごとの持ち時間は、発表7分、質疑応答7分、交代1分の合計15分。

メインスクリーンとサブスクリーンの利用が可能であったが、各チームともメインスクリーンに映像を映してのプレゼンテーションとなった。

それぞれの発表に対して、「緑をどう増やすのか？(13)」「時間がかかりすぎるので、他との併用が必要では？(20)」「この水をどこかに溜めておけるもっと大きなタンクがあるとよいのでは？(18)」「神社の森から駅までをみこしのルートにして避難経路にしては？(14)」「一般解につなげられるか？(15)」「常時はどう使う？(02)」「どの地域でもできるか？(09)」など、各審査委員からするどい質問と愛情深いコメントがあった。

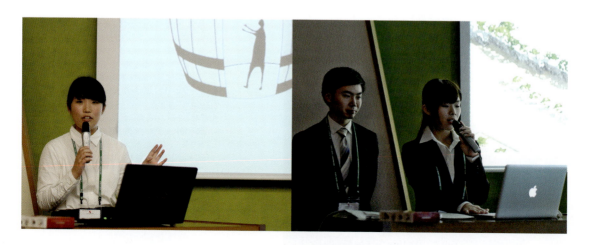

ポスターセッション

ポスターセッションは、会場内の壁際を巡るように配置された各作品ごとの展示ブースを審査委員が個別に巡回する方式で行なわれた。

展示ブースの広さと展示台については規定してあったが、展示物の種類については制限がない(本書87ページ参照)。そのため、各チームは独自の発案で、多様な展示物を用意していた。

ポスターを増やす(全チーム)ほか、立体模型(02、14、15、18など)、人形による行動模型(22)、装置による実演(09、20)や、効果を撮影した動画の上映(02、17)、事前に開催したワークショップで参加者によって今回のプレゼンテーション用に作成した模型(25)などがあった。

各審査委員は1チームあたり15分前後の時間をかけてそれぞれの展示ブースを巡回し、各チームの説明を受けるとともに質疑を行なった。各展示ブースでは、熱のこもったやりとりが展開された。会場には、他にも数多くの来場者があり、審査委員と参加学生の質疑応答を見守った。

公開審査

審査に先立ち、参加10作品に最後のアピールの場が与えられた。各チームの代表学生は、前日のプレゼンテーションと午前中に実施されたポスターセッションでの質疑応答を踏まえ、それぞれ1分半でショートプレゼンテーションを行なった。続いて、審査委員による審査が始まった。

審査は、まず各審査委員が10点、8点、5点、1点を付けたい作品をそれぞれ1作品ずつ選定。それを採点表に記入して投票し、投票された得点の合計によって順位を付ける方式で行なわれた。また、それとは別枠で審査委員特別賞として推す作品を各1作品ずつ推薦した。

各審査委員ごとに評価する作品が分かれ、得点した作品にはばらつきがあったが、最高20点を獲得した明石高専『酒蔵を守り、酒蔵に守られる』(15)が最優秀賞に選ばれた(表1参照)。続いて15点の米子高専『人は城! 人は石垣! 人は堀!!』(02)、11点の仙台高専(名取)『祭りで地域強靭化、参加で住民協人化』(22)が優秀賞に選ばれた。

審査委員特別賞には、最優秀賞や優秀賞と提案内容の重複しない推薦作品として、明石高専『今日から君も「おはしも」ファイターだ!!』(14)と和歌山高専『Challenge by rain water ――人を守る雨水』(18)が選ばれた。

(霰巻 峰夫 和歌山高専)

表1 審査委員の投票結果

作品番号	高専名	細川	此松	馬場	合計得点	受賞
02	米子	5	●	10	15	優秀賞
09	阿南	1			1	
13	明石				0	
14	明石	●	8		8	審査委員特別賞
15	明石	10	5	5	20	最優秀賞(文部科学大臣賞)
17	和歌山				0	
18	和歌山	8		●	8	審査委員特別賞
20	阿南				0	
22	仙台(名取)		10	1	11	優秀賞
25	徳山		1	8	9	

＊表中の高専名は、工業高等専門学校および高等専門学校を省略
＊高専名欄の(名取)は、キャンパス名
＊表中の●は審査委員特別賞への推薦の票。当初は此松委員、馬場委員のみが推薦。そのうち1作品が優秀賞になったため、細川委員長が推薦して決定

生活環境を災害から守る 予選審査総評

細川 恭史（審査委員長）

　応募作品はテーマや適用期間などバラエティに富んだ内容になっており、高専の学生の発想の豊かさを感じさせるものであった。予選審査においては、募集要項にあるように、「地域状況が反映されているか」「地域の資源を活用しさらに独自の工夫がされているか」「損傷した機能をどこまで回復できるか」「実現可能性があるのか」「わかりやすい説明になっているか」などの視点から総合的に判定した。

　予選を通過した作品は、地域状況をしっかりと把握し、地域資源の有効な活用についても単なる技術や道具の提案ではなく、それらを地域コミュニティの中でどのように活用していくかという提案としてすぐれた内容になっていた。一方、地域強靱化としてはすぐれた提案であるものの、今回の課題の趣旨や提案条件に沿っていないために落選という残念な作品もいくつかあった。

本選に向けた改善点について

　予選審査を通じて感じたのは、予選通過作品についてもさらなる改善の余地があるということだ。

　1つめは、募集要項で説明した課題の趣旨や提案条件に沿って提案内容と復興の結びつきをより具体的に説明できるようにしてほしいということ。

　2つめは、被害想定や地域状況などの提案内容の前提条件となる内容をより具体化して、対策の効果が明確に説明できるようにしてほしいということである。

　その他、提案の内容に磨きをかけて本選に臨んでくれることを期待する。

＊2015年9月29日　予選審査後の発言をもとに作成

開催概要（予選）

予選審査

日時	2015年9月29日（火）10：00～17：00
会場	一般財団法人みなと総合研究財団　会議室（東京）
事務担当	霞巻 峰夫、平野 廣佑（和歌山高専　環境都市工学科）
予選提出物	プレゼンテーションポスター（A1判パネル1枚〈横向き〉。3mm厚のスチレンボードに貼りパネル化）、プレゼンテーションポスターの画像データ
予選通過数	10作品（31人、6高専）

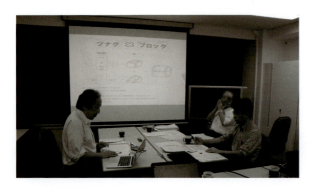

予選審査経過

　予選審査では、審査委員長の所属先の会議室において、パソコンから各作品のプレゼンテーションポスターを順にプロジェクターで投影し、その映像を見ながら審査を進めた。

　最初に各作品を順に投影しながら、各審査委員が概ね2分程度、それぞれの作品に対するコメントと評価を述べた。評価については、各審査委員がそれぞれの作品に対して概ね5段階による評価を行なうとともに、「本選参加の価値あり」と思う作品を推薦した。

　その評価をもとにまず、3人の審査委員全員が高評価をした作品5点程度を選出。その後、残りの作品のうち肯定的なコメントのあったものについて順次審査し、協議の上で作品を入れ替えたり追加し、予選通過の10作品を選定した。

（霞巻 峰夫　和歌山高専）

予選通過作品講評

本選に向けたブラッシュアップの要望

細川 恭史（審査委員長）

02 ｜ 米子高専
『人は城! 人は石垣! 人は堀!!』

文化財である城を避難所として利用するという発想は、「文化財を利用してよいか」という議論以前に、まずファーストインパクトが大きかった。また、ハザードマップや聞き込み調査による地域の現状やタイムラインの把握状況は評価できる。江戸時代の上下水道インフラを活用している面も評価でき、その結果として文化財としての城の再建にも貢献できるかもしれない。古城の台所を利用すること、被災者の収容人員の想定などについては改善の余地がある。

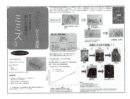

09 ｜ 阿南高専
『ミミズの生ゴミ処理』

ミミズ利用に新規性は少ないが、地元企業との連携である点、実際に実験をしてデータを集めている点が評価できる。また、避難所に収容する被災者を80人程度と少なめにすることで、ミミズによるごみ処理を現実的な提案にしている面も評価できる。ただし、生ごみ処理を行なうためにはごみの分別が必要となり、被災した環境下において十分な分別が可能かという疑問もある。

13 ｜ 明石高専
『MADE BY FOREST/ STAND BY MARKET』

神戸市内の実在する地域を対象に地域資源を活用しようとする点、提案内容をコンパクトにわかりやすくまとめられている点が評価できる。提案の内容全体としては平均以上と言える。ただし、緑道という提案は、新規性、現実性という面でややインパクトに欠ける。また、過去に震災経験のある土地だけに復興拠点としての機能や役割に関する提案がないことも気になった。

14 ｜ 明石高専
『今日から君も「おはしも」ファイターだ!!』

祭りを使って防災時に有効なコミュニケーションを形成するという発想がおもしろい。もう少し内容を煮詰めることで現実に利用可能になる。提案内容をフローチャートでわかりやすく表現している点も評価できる。ただし、「祭りによる地域の繋がり強化」と「災害時の繋がり」を結びつけるロジックが乏しいように感じる。一方、同じように被災地にある2つの高専から、それぞれ神戸（14）と宮城県石巻（22）を対象として祭りを活用したコミュニケーションの形成を提案しているという点で、両者の共通性が注目される。

15 ｜ 明石高専
『酒蔵を守り、酒蔵に守られる』

酒蔵の安全性、耐震性に不明瞭な点があるが、地域資源を活用した拠点づくりという面は評価できる。酒蔵を避難施設として活用するという発想には新規性があり、おもしろい。酒蔵の避難所としての活用に関しては、想定される利用者がその場所に慣れる仕組みを形成する必要がある。また、地域内で活用できる酒蔵の数や収容可能な避難者数はどの程度かなどのデータが不足している。

17 ｜ 和歌山高専
『自転車発電フルコース──明日起こるかもしれない大地震に備える』

被災者の健康を考慮しているという点に独自性があり、自転車発電のメカニズムや電気自動車の利用といったアイデアを提示することで具体性が現れている。自転車になじみのある地域において、このような対策によりコミュニティを形成できる可能性もある。一方で発電可能量などのデータが不足している。プレゼンテーションとしては、やや文字数が多い点が難点である。

18 ｜ 和歌山高専
『Challenge by rain water──人を守る雨水』

ビニールハウスが多い地区での地域性を強調した点がよい。飲料用以外の雑用水としての利用は、処理の必要がないことや、公共による給水をすべて飲料水として使えるという点で評価できる。また、非常時に被災者支援、通常は農業用水での利用というように常時利用できる提案として評価できる。一方で、プレゼンテーションとしては集水方法に関する内容にとどまっており、改善が必要である。

20 ｜ 阿南高専
『海水を蒸留して飲めるようにしよう!!』

単に河川水などの淡水ではなく、海水利用とした点に意欲が見られる。確認の実験をして、その結果に基づいて効果を提示した点は評価できる。避難場所として「ウチノ総合公園」と記されているが、本提案との関連がわからず、地域性を踏まえた提案であるかどうかがわからない。また、海水の飲料用水化にはそれなりの時間、労力、エネルギーが必要であるが、その点についてのデータが欠けている。

22 ｜ 仙台高専（名取）
『祭りで地域強靭化、参加で住民協力化』

「祭り」と「防災」を結びつけている点が興味深い。また、地域の状況を反映した提案で、内容についても具体的で実現性が感じられ評価できる。一方で、「祭り」を通じて学んだ人力で病人等を病院へ搬送することは短期間・緊急時においては必要だと理解できるが、長期的な方法としては疑問が残る。

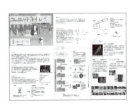

25 ｜ 徳山高専
『ユニットトイレ──トイレで変える避難所生活』

地域のデータをプレゼンテーションに上手に組み込み、トイレ問題についてはタイムラインを交えて紹介する手法によって興味深い内容となっている。ただし、新規の提案と言える地域資源の竹炭を使う利点がうまく説明できていないところが残念である。また、提案を見る限り電力を使う場面があるように感じられたが、電源確保の方法に関する記載がないことなど説明不足な面もある。

*2015年9月29日 予選審査後の発言をもとに作成　　*高専名の左の数字と、文中の（ ）内の2桁数字は作品番号

予選16作品

01　石川高専
ツナグ×ブロック

◎松本 哲実／
高橋 茉佑／
木田 大夢／田中 駿
[建築学科4年]

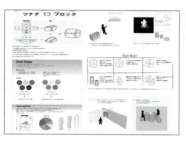

03　金沢高専
E-Akari

◎大島 安弘／
宮西 彰威／林 和樹
[電気電子工学科5年]

04　金沢高専
冠水をやり過ごし効率的に避難できるバスの待合室

◎西山 工湖[グローバル情報工学科5年]

05　大阪府立大学高専
幸町からささえる

◎佐田 達哉／
仲井 彩／北条 映海／
美安 大輝[総合工学システム学科都市環境コース4年]

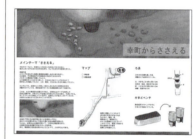

06　大阪府立大学高専
トイレでつなぐ地域の輪

◎平子 遼／
大江 紗弓／
澤井 海美／
福井 克也[総合工学システム学科都市環境コース4年]

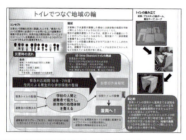

07　大阪府立大学高専
川のみち

田中 僚／◎庄司 大
[総合工学システム学科都市環境コース4年]

08　釧路高専
Okikor——オキコル

◎江口 悠貴／
加藤 健一／
板倉 裕来／高橋 祥
[建築学科5年]

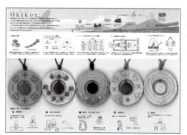

10　サレジオ高専
あそんじき

若海 芽依／
山田 皓生（4年）／
掛野 さくら／
立川 椎名（2年）[デザイン学科]

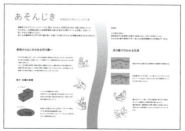

予選16作品

11　サレジオ高専
いこうゆ

大竹 花波／
小田島 雅徳（4年）／
◎春江 紗綾（2年）
［デザイン学科］

12　サレジオ高専
おばあちゃんち──みんながつながる知恵袋

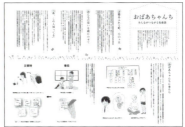

佐藤 愛（4年）／
臼井 紫乃／
◎山上 茉穂（2年）［デザイン学科］

16　和歌山高専
避難所の生活支援

◎前田 忠輝／
南 綾那［環境都市工学科4年］

19　阿南高専
川の水をろ過して飲み水を作ろう！

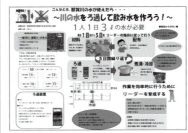

◎鳴滝 琴音／
四宮 直樹［建設システム工学科4年］

21　阿南高専
神山が日本を救う!?

◎郡 ゆき／
森賀 大稀／
室井 将太朗／
妹尾 和真［建設システム工学科4年］

23　阿南高専
避難所アッとホッと計画

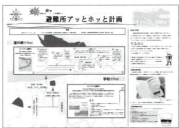

◎薄井 浩太朗／
長尾 直樹／中西 淳／
大川 佳宏［建設システム工学科4年］

24　阿南高専
飲み水の場所と作り方をシェアするアプリケーション

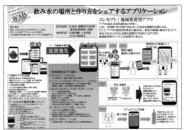

◎阿部 廉太朗／
井内 代余／
大川 慧巳／宮尾 淳
［建設システム工学科4年］

26　舞鶴高専
放て！ SOS！

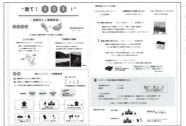

磯部 純暉（4年）／
◎竹内 志穂子／
清水 嵩史（3年）／
碓井 華帆（2年）［建設システム工学科］

審査委員紹介

審査委員長
細川 恭史
（ほそかわ　やすし）
（一財）みなと総合研究財団　顧問
元土木学会環境システム委員会　委員長

1950年	東京都生まれ
1973年	東京大学工学部都市工学科卒業
1975年	東京大学大学院工学研究科 都市工学専攻修士課程修了 運輸省港湾技術研究所　研究員
1986年-	同研究所水工部高潮津波研究室長
1999年	博士（工学）取得（東京大学）
2000年-	運輸省港湾技術研究所海洋環境研究部長
2005年-	港湾空港技術研究所　理事
2007年-	港湾空間高度化環境研究センター　理事
2011年	みなと総合研究財団へ移行　理事
2015年-	同財団　顧問

主な活動
港湾技術研究所にて沿岸部の環境修復や干潟の再生に関する研究に従事。1995年に研究所内に干潟実験施設を構築し、干潟生態系の自律的な回復の長期観察などに注力
中央環境審議会専門委員（2000年）、千葉県三番瀬円卓会議（2002年）、インド洋大津波緊急援助隊（2005年）、土木学会環境システム委員会委員長（2007-08年）、日本沿岸域学会副会長（2011-14年）などを務める

主な受賞
マンハッタン大学環境理工学賞（米国、1984年）、土木学会論文賞（1997年）など

審査委員
此松 昌彦
（このまつ　まさひこ）
和歌山大学　教授／防災研究教育センター長

1963年	東京都生まれ
1987年	東海大学海洋学部海洋資源学科卒業
1990年	島根大学大学院理学研究科 地質学専攻修士課程修了
1996年	大阪市立大学大学院理学研究科 地理学専攻後期博士課程単位取得退学
1999年	和歌山大学教育学部　助教授
2000年-	同　教授
2010年-	同学　防災研究教育センター長

主な活動
現在は、和歌山県内の地域地質の研究、学校や地域でできる防災教育カリキュラム開発などを中心とした研究に取り組む傍ら、地域防災力の向上のために自治体や学校、自主防災組織などの防災教育支援活動に携わる
地学団体研究会和歌山支部長（2009年、2011-14年）、日本地質学会代議員（2009年、2011-15年）、地学団体研究会全国運営委員会委員（2014-15年）を務める

主な受賞
地球科学賞（地学団体研究会主催、1999年度）、第14回防災まちづくり大賞（消防科学総合センター主催、2009年）など

審査委員
馬場 健司
（ばば　けんし）
法政大学　特任教授

1967年	佐賀県生まれ
1989年	筑波大学社会工学類都市計画主専攻卒業
1991年	筑波大学大学院環境科学研究科 環境科学専攻修士課程修了
1991年-	電力中央研究所　研究員
2008年	筑波大学大学院システム情報工学研究科 社会システム・マネジメント専攻博士 後期課程修了　博士（社会工学）取得
2011年-	電力中央研究所　上席研究員
2012年-	東京大学公共政策大学院　客員教授
2013年-	法政大学地域研究センター　特任教授 総合地球環境学研究所　共同研究員

主な活動
地方自治体の環境政策、特に気候変動政策やエネルギー政策について、リスクコミュニケーションや合意形成、政策過程の分析を行なう。最近はレジリエントシティの具現化に向けた研究に注力
IPCC AR5 WGII Chapter 24 Asia Contributing Author（2012-14年）、土木学会環境システム委員会副幹事長（2015年-）などを務める

主な共編著書
『Educating Negotiators for a Connected World』（2013年、DRI Press）、『ゼロから始める暮らしに生かす再生可能エネルギー入門』（2014年、家の光協会）、『気候変動適応策のデザイン』（2015年、インプレス）ほか著書、論文など多数

主な受賞
優秀研究企画賞（環境科学会、2011年）など

Additive Manufacturing
Design Competition Autumn, in Wakayama

AMデザイン
部門（秋大会）

Category
04

課題テーマ： フライングプレーンⅡ

　今回は、2014年のやつしろ大会（フライングプレーン）に続いて、同じ競技テーマでの2年めとなる。チームのメンバーが「ささえ」合い、昨年度よりも高性能のプレーンと台車を製作してほしい。2014年の大会と同様に、3Dプリンタでプレーンの骨格および台車を造形する。プレーンの翼に貼る薄膜の材質は自由。プレーンを搭載した台車がすべり台を滑走し、プレーンは離陸ポイントで台車から切り離される。その直後、下から送風機の風力によりプレーンは飛行する。

　社会実装（問題解決）の構想をプレーン開発に組み入れるなど、2014年の大会の方法と異なる点がいくつかある。要項に従って準備をしてほしい。紀の国わかやまの地で、優雅に飛行するプレーンの登場を心待ちにしている。

タイムライン *Timeline*

エントリーシート提出期間
2015.08.31-09.03

本選出場作品
25

2015.11.14
1　プレゼンテーション
2　仕様確認
3　ポスターセッション
4　飛行練習

2015.11.15
5　飛行競技
6　審査・集計・講評

受賞作品
5

最優秀賞
沼津高専：Swallow Hornet
優秀賞
一関高専：TSUBAME
呉高専：ARATA号
審査委員特別賞
旭川高専：鳳
和歌山高専：S-3KT

最優秀賞

05｜沼津高専
Swallow Hornet
合計得点：88.00

Swallow Hornet
プレーンをしならせてジャンプし，風を受けて飛ぶ！

池神奈穂美[1]　桑原悠太[1]　家住拓生[2]
田中優斗[3]　藤尾三紀夫[4]

沼津工業高等専門学校
1) 制御情報工学科4年　2) 機械工学科4年
3) 総合システム工学専攻2年　4) 指導教員

- 台車
- ✓ **高い剛性**
  - →シンプルな打ち出し式台車
  - →台車規定最大重量確保
- ✓ **調節機能の搭載**
  - →発射角度・パンチカ変更可
- ✓ **摩擦力の低減**
  - →車輪の幅を細くして斜面との摩擦を減らす
- ✓ **シンプルな構成**
  - →シンプルで壊れにくい構造

台車サイズ：220×120×220mm
台車重量：147g

- プレーン
- ✓ **強度**
  - → 一体成形で接合する部品を除去
- ✓ **軽量化**
  - →フィルムの使用
- ✓ **安定性**
  - →垂直尾翼・プロペラにより飛行中のプレーンの姿勢の安定
  - →平板で造形時のピッチの段をなくし抵抗を減らす
- ✓ **風**
  - →送風機の風を最大限利用

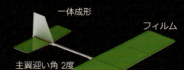

一体成形
フィルム
主翼迎い角 2度
プロペラ

プレーンサイズ：200×200×60mm
プレーン重量：6g

- 挑戦
- ✓ プレーンのしなりと風を融合した画期的な発射手法
- ✓ プレーンの一体成形
- ✓ プロペラの利用

高速度カメラでジャンプと風のタイミングを調整

発射システム
アームでプレーンを捉える

プレーンをしならせる

しならせてジャンプ

風を受けて滑空

- まとめ
- ✓ **社会実装の可能性**
  - 離陸に必要な滑走路の長さとエネルギー確保の問題解決のためにプレーンのしなりと風を利用することで省エネ化を実現
- ✓ **独創性**
  - プレーンのしなりと送風機の風を融合した画期的な発射システムの採用とプロペラの利用により，安定した飛行を実現
- ✓ **完成度**
  - シンプルな構造と発射システムで，テスト飛行の結果13.5mに及ぶ飛行を実現
- ✓ **製作の一貫性**
  - エントリーシートに記載したアイデアに基づいて，しなりと風を応用し，実機による飛行を実現

田中 優斗 [総合システム工学専攻専攻科2年] ／◎池神 奈穂美／桑原 悠太 [制御情報工学科4年] ／家住 拓生 [機械工学科4年]
担当教員：藤尾 三紀夫 [制御情報工学科]

優秀賞 07｜一関高専 TSUBAME

合計得点：86.53

◎八重樫 一明／赤坂 有宇／阿部 優樹／村山 福太［機械工学科4年］
担当教員：原 圭祐［機械工学科］

優秀賞 | **24｜呉高専** | **ARATA号** | 合計得点：84.62

柿林 春輝［機械電気工学専攻専攻科1年］／◎永岡 新太／西村 介／羽原 秀朗［機械工学科5年］
担当教員：上寺 哲也［機械工学科］

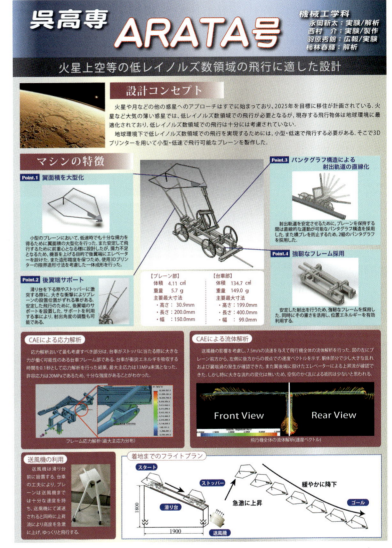
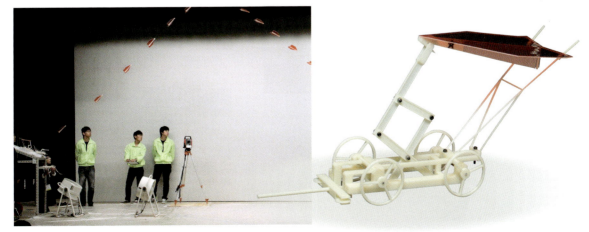

審査委員特別賞

02｜旭川高専

鳳

合計得点：83.16

◎古川 瑞／白井 隆寛（4年）／伊藤 大道（3年）[機械システム工学科]
担当教員：宇野 直嗣[機械システム工学科]

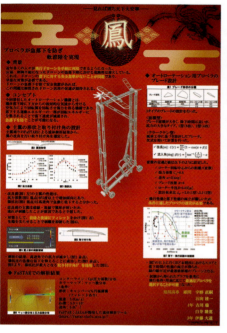

審査委員特別賞

01｜和歌山高専

S-3KT

合計得点：76.62

鎌倉 央昇／◎木路 祥太／小林 亮介／高橋 諒[知能機械工学科5年]
担当教員：山東 篤[知能機械工学科]

「対象」「条件」「結果」を巡る技術者の4つの仕事

審査総評

岸浪 建史（審査委員長）

　各競技の評価方法はすべて文章化されて決まっている（本書118～119ページ参照）。この評価方法による採点の結果、1位沼津高専（05）、2位一関高専（07）、3位呉高専（24）となった。その結果を受けた上で、審査委員として推薦したいのは、第4位の旭川高専（02）と、今回はじめて参加し、良い成績を残した第5位の和歌山高専（01）だ。この2校を審査委員特別賞としたい。

　今回のAMデザイン部門（秋）には、25高専25作品という非常に多くの参加があり、それぞれの努力をこの会場で拝見した。審査の観点や点数の配分などは、参加者に文書で知らせた内容に基づいており、それに沿って各作品を評価した。今回審査をするにあたって特に重点をおいたのはまず、ポテンシャルエネルギーが確実に運動エネルギーに変換されて飛ぶという点である。これは、完成度と言えるが、「途中で落ちてしまうことがない」という点が1つのキーだと思っている。次に、3回行なった試技でいずれも確実に飛ぶという点だ。信頼性と言える。さらに、良い成績を上げたチームには、何か独創的なアイデアがあり、それがデザインに刻み込まれている。これらの3点を重要視して、作品や競技を見ていた。最終的な成績に表れているように、各高専ともこれらの観点からすばらしい成績を上げている。

　AMデザイン部門（秋）の競技は、単にゲーム感覚を楽しんだり、競争するだけという観点で実施しているわけではない。技術者は次の4つの役割を果たしていると私は考えている。

　1つは「対象」、今回の課題ではエアプレーンだ。その「対象」が与えられた条件、すなわち「ポテンシャルエネルギーを運動エネルギーに変えていく」という条件の中でどこまで飛ぶかという「結果」を出す。技術者にとっては、「対象」「条件」「結果」という3つの観点で考えて、ある「対象」をある「条件」で動かすとどこまで飛ぶか（「結果」）を推定する、あるいはシミュレーションすることが必要になる。

　2つめに、技術者がやらなければならないことは診断である。「対象」と「結果」があった時に、その要因は何だったのかを探ること。交通事故などでもそうだが、ある「対象」が「結果」を出した時、その要因は何だったのかを推察することが必要で、これが技術者の第2の仕事だ。今回の課題でも、たぶん実験を重ねる中で、この作業が必要だったと思う。

　3つめは、「条件」と「結果」に関して、すなわち「ポテンシャルエネルギーをこれだけ運動エネルギーに変え、これだけの距離を飛ばしたい」と考えた時に「対象」をどのように設計するかである。これが第3の技術者の仕事だ。

　シミュレーションすること、診断すること、「対象」を設計することに続く、最後の4番めの仕事というのは、——今回の課題とは直接関係ないが——インターイミテーションデータリーといって「データを解釈する」、すなわちデータの中からあるルールを見つけ出すことである。この仕事をしているのがエンジニアだ。

　今回は、第4の項目はあまり関係していないが、その他の3つの項目をくるくる回しながら解決していく課題だった。簡単な課題ではなかったが、参加者はよくやっていた。ただし、今回の実技では、半数程度の作品が飛ばないで落ちたり、飛んだとしてもすぐ墜落するという状況だった。これは、たぶん「完成度が非常に低い」あるいは「信頼度が足らない」ということを示している。それを克服するための独創性という点において、参加者のうちの半数くらいがまだ多くの課題を抱えていると私は思った。これらの観点でもう一度それぞれの作品を見直し、来年度以降も再トライしてほしい。

台車のキャッチ法、効率的なエネルギー転換

柳 和久（審査委員）

　私は感想を述べる。
　成績の良いチームは台車のキャッチング方法が違った。1～2位だけでなく3位のチームも、台車を受け取る網を用意していた。残念ながら、成績が上位でなかったチームはすべて台車を素手で受け止めていた。これが意味するのは、心構えというか作法の問題である。やはり台車を手で受けてはいけないということだ。不思議だが結果と相関しているように思えた。台車の受取りに網を使った上位3校以外に、受取りケースを用意していた1チームも、きちんと良い成績を出していた。
　次にエネルギー問題である。私はエアプレーンの専門家ではないが、台車がすべり台を下ることによって位置エネルギーが効率的に飛行用の運動エネルギーに転換されているかという点で見ると、それができていないチームはやはり飛んでいない。すべり下りる途中の摩擦

初速の重要性、トライアル＆エラーの繰返し

鈴木 新一（審査委員）

　今年の優勝は沼津高専、2位一関高専、3位が呉高専だった。今回優勝した沼津と3位の呉の作品を見ていると、飛行機が台車から離れる時の初速が速いという点が1つの特徴だと思った。
　このスピードについてである。歴史上、最初にライト兄弟が航空機を作り、飛行が始まったが、当初、航空機というのは基本的に大型化が難しいだろうと言われていた。その理由は大きさを2倍にすれば翼の面積は4倍にしかならないけれども体積は8倍になるからだ。つまり、航空機の重量は2の3乗で増加するけれども翼の面積は2の1乗でしか増加しないために、その大きさには必ず限界があるだろうということだった。ところがその後、航空機はどんどん大きくなって、現在ではジャンボジェットのように大きな航空機が飛んでいる。なぜこれが可能になったかというと、単にスピードのおかげである。航空機のスピードが2倍になれば揚力の大きさは4倍になる。要するに速度の2乗に比例して揚力が大きくなっていくという法則を利用したからだ。
　今回の結果についても同様に、基本的には初速が速かったために十分な揚力を得ることができ、その揚力で長い距離を飛行できたということが1つの勝因だろうと思う。そういう意味で、今回の課題テーマの初回であった2014年度の大会に比べると、航空機としては安定した飛行ができたように思った。
　ただし、岸浪審査委員長の総評にあったように、半数のチームはそれなりに飛ぶ飛行機を作ることができたが、残りの半数の飛行機

本選 審査総評

も含めて、転換できていないエネルギーがまだたくさん残っているという印象を受けた。一方、成績の良かったチームにはそれぞれ独創的な工夫があり、なるほどと感心させられた。

今回は私にとって、AMデザイン部門の審査委員として3回めの大会で、実は最後の審査になると思っている。その節目に、審査委員として勉強することができた大会になったという意味でも感謝している。

はあまり飛べなかったという結果が出た。飛べなかった半数のチームにはもう少しトライアル＆エラーを繰り返してほしかったという印象だ。

この部門では、3DCADと3Dプリンタを使っていろいろな物を設計をするということが基本的な目標だが、CADで設計して3Dプリンタで作ったら物ができ上がるというわけではない。求められた1つの機能を果たそうとすれば、作った物がその機能を果たしているかどうかきちんとチェックをする必要がある。機能を果たしていなければ、それを修正し、何回もトライアル＆エラーを繰り返す必要があるのだ。来年度は課題テーマが変わるが、ぜひその点を心に留めて、また来年に向けて頑張ってほしいと思う。

開催概要

AMデザイン部門（秋大会）概要

課題テーマ	フライングプレーンII
審査委員	岸浪 建史［委員長］、柳 和久、鈴木 新一
応募条件	各高専1チーム。4人以内のチームによるもの（登壇者：プレゼンテーション＝人数制限なし、ポスターセッション＝1人、飛行競技＝4人以内）
応募数	25作品（92人、25高専）
応募期間	質疑応答受付と回答：2015年4月6日（月）～30日（木） 書類審査用エントリーシートの提出期間：2015年8月31日（月）～9月3日（木）

書類審査

結果発表	2015年9月10日（木）
書類審査提出物	エントリーシート：プレーン開発の背景および目的、プレーンの特徴（本文）、プレーンの特徴（図）、作品名、学校名、チームメンバー氏名、指導教員氏名、連絡先など
審査内容	各審査委員にエントリーシートを送って審査

本選審査

日時	2015年11月14日（土）～15日（日）
会場	和歌山県民文化会館 小ホール
本選提出物	PowerPoint スライド（1枚）：飛行競技中に投影する。提出期間2015年11月2日（月）～6日（金） ポスターセッション用ポスター：A1判（縦向き）1枚。作品名、学校名、チームメンバー氏名、エントリーシートに則した内容を記載 飛行競技出場作品：プレーンと台車で構成（本書118～119ページ参照）
審査過程	日時：2015年11月14日（土） ①受付・仕様確認（小ホールホワイエ）　9：30～11：00 ②プレゼンテーション ③仕様確認（小ホールホワイエ） 　13：30～15：10 ④ポスターセッション（中展示室） ⑤飛行練習 　15：20～17：00 日時：2015年11月15日（日） ⑥飛行競技　9：00～12：45 ⑦審査・集計・講評　13：45～14：30

本選
概要

直進性、送風機の風利用が勝敗を分けた

エントリー25チームが本選出場

今年度の課題テーマ「フライングプレーンⅡ」は、2014年のやつしろ大会に続いて同じテーマである。

プレーン（飛行する部分）は、台車と共にすべり台を滑走し、離陸ポイントで台車から切り離されると同時に、速度を得て空中に飛び出して行く。離陸直後に送風機から受ける風をうまく利用して、プレーンは飛行をさらに続ける。この結果として、有効エリア内でのプレーンの飛行距離や飛行時間などを競う競技だ。

プレーンに速度を与えるには、位置エネルギーを効率よく運動エネルギーに変換するメカニズムが大切になってくる。また、今回は「プレーンは必ず送風機からの風を受けて飛行する」「有効エリアを設ける」などの条件が加わった（本書118～119ページ参照）。これらの条件により、台車からのスムーズな切り離しとプレーンの直進性、送風機からの風をどのように利用するのか、などを解決するアイデアが設計時に必要になる。

こうした課題に正面から取り組み、書類審査用エントリーシートを提出してくれたのは25チーム。その中から、書類審査を通過したチームが和歌山での本選に参加できる。開催地出場枠を含めた本選出場枠が25チームであったこともあり、今回はエントリーした25チームはすべて本大会に出場することができた。

写真や動画を駆使したプレゼンテーション

　大会初日は、受付時の仕様確認、プレゼンテーション、仕様確認、ポスターセッションおよび飛行練習が行なわれた。

　受付時の仕様確認では、参加25作品の仕様をそれぞれチェック。すべて規定通りであることが確認でき、翌日の飛行競技に出場できることになった。そのため、不適格作品の再挑戦用に準備されていたプレゼンテーション後の仕様確認はなくなった。

　プレゼンテーションは、パワーポイントを駆使して、各チームが作品の「社会実装の可能性」「独創性」「完成度」といった点についてアピールする場である。作品番号順に、各チームは、それぞれ3分間の持ち時間を有効に活用し、写真や動画を用いて、開発の背景や目的、設計コンセプト、プレーンの特徴について審査委員をはじめ来場者に向けて訴えていた。

ポスターセッションでは、審査委員と他チームの指導教員にアピール

　ポスターセッションは、A1判ポスターの前にプレーンと台車を展示した状態で、制作した学生たちと審査委員の質疑応答という形式で進められた。審査委員は、それぞれの作品を各3分ずつ作品番号順に回り、各チームの代表者1人と質疑応答を行なう。学生たちは模型作品を使って審査委員の質疑にていねいに対応していた。

　このポスターセッションではまた、各参加チームの指導教員が、自分の指導チーム以外のポスターの中から完成度の高いと思われる3作品を選んで投票用紙に記入し、会場内に設置された投票箱に投票する。この得票数によるチームの順位は合計得点にも影響してくる。そのため、学生たちは各チームの指導教員にも自分たちの作品を評価してもらえるように、緊張の糸を切らすことなく、指導教員の質問に対しても熱のこもった対応を心掛けていた。

　一方、ポスターセッションと並行して、小ホールでは大会2日目の飛行競技で使用するすべり台を使用した飛行練習が行なわれた。ポスターセッションの担当時間外のチームが、作品番号の逆順に、順次、参加した。各チームともすべり台のすべり具合や台車のセッティング状態を確かめながら、慎重に飛行練習を行なっていた。

109

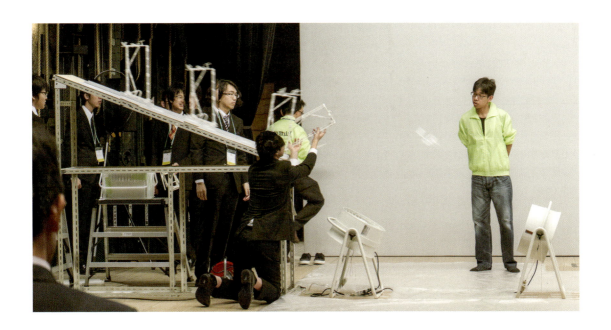

まっすぐ飛ぶ工夫に注力した飛行競技

　大会2日目は、飛行競技（小ホール）。試技は3回行なわれ、有効エリア内でのプレーンの飛行距離と飛行時間から性能点を算出し、3回の合計点によって順位が決まる。試技1回めは作品番号順に、2～3回めは、1回めの性能点が低い順に行なわれた（表1参照）。

　セッティングは各チーム4人以内で行なう。離陸後に有効エリア内をまっすぐ飛行するほうが高い性能点を得られるため、各チームは送風機の向きと風量を宣言後、制限時間30秒をフル活用して慎重にすべり台に台車とプレーンを設置していった。司会の合図で参加チームの学生1人が台車を支えていた手を離すと、静寂の中、台車は離陸ポイントに向かって滑走を開始する。会場の視線は離陸ポイントに注がれ、台車とプレーンが切り離された瞬間、プレーンの離陸状態によって歓声が沸き起こったり、ため息が漏れたりと競技会ならではの光景が繰り広げられた。

　少しでもプレーンの能力を引き出そうと、3回の試技ごとに送風機の条件を変えるなど、各チームとも最後まで諦めることなく、工夫を凝らしていた姿勢が印象的だった。

表1　発表・試技などの順番　　＊表中の高専名は、工業高等専門学校および高等専門学校を省略

順番	プレゼンテーション 高専名	作品番号	ポスターセッション 高専名	作品番号	練習飛行 高専名	作品番号	試技1回め 高専名	作品番号	試技2～3回め 高専名	作品番号
1	和歌山	01	和歌山	01	神戸市立	25	和歌山	01	金沢	04
2	旭川	02	旭川	02	呉	24	旭川	02	鈴鹿	10
3	苫小牧	03	苫小牧	03	徳山	23	苫小牧	03	群馬	11
4	金沢	04	金沢	04	北九州	22	金沢	04	釧路	12
5	沼津	05	沼津	05	鹿児島	21	沼津	05	岐阜	13
6	新居浜	06	新居浜	06	津山	20	新居浜	06	長野	14
7	一関	07	一関	07	明石	19	一関	07	有明	15
8	高知	08	高知	08	大阪府立大学	18	高知	08	石川	17
9	阿南	09	阿南	09	石川	17	阿南	09	大阪府立大学	18
10	鈴鹿	10	鈴鹿	10	弓削商船	16	鈴鹿	10	明石	19
11	群馬	11	群馬	11	有明	15	群馬	11	津山	20
12	釧路	12	釧路	12	長野	14	釧路	12	神戸市立	25
13	岐阜	13	岐阜	13	岐阜	13	岐阜	13	和歌山	01
14	長野	14	長野	14	釧路	12	長野	14	鹿児島	21
15	有明	15	有明	15	群馬	11	有明	15	新居浜	06
16	弓削商船	16	弓削商船	16	鈴鹿	10	弓削商船	16	北九州	22
17	石川	17	石川	17	阿南	09	石川	17	高知	08
18	大阪府立大学	18	大阪府立大学	18	高知	08	大阪府立大学	18	弓削商船	16
19	明石	19	明石	19	一関	07	明石	19	徳山	23
20	津山	20	津山	20	新居浜	06	津山	20	阿南	09
21	鹿児島	21	鹿児島	21	沼津	05	鹿児島	21	苫小牧	03
22	北九州	22	北九州	22	金沢	04	北九州	22	呉	24
23	徳山	23	徳山	23	苫小牧	03	徳山	23	一関	07
24	呉	24	呉	24	旭川	02	呉	24	旭川	02
25	神戸市立	25	神戸市立	25	和歌山	01	神戸市立	25	沼津	05

想定通りの性能を発揮できてこそ「ものづくり」

今大会は、書類審査用エントリーシート、プレゼンテーション、ポスターセッション、飛行競技の4項目が審査された。その上で「審査委員評価点」「ポスター評価点」「競技得点」の合計得点により最終順位が決まり、各賞が決定した。審査委員特別賞には、審査委員の独自の観点から2作品が選定された（表2、本書118〜119ページ参照）。

参加作品を見ると、設計コンセプトによってプレーンの大きさや形状は多様であったが、飛行競技の試技3回すべてに好成績を収めたチームは少なかった。離陸ポイント通過直後に墜落するプレーンや、旋回して有効エリア外に出てしまうプレーンも多数見られた。大会を通じて、参加した学生たちはあらためて「ものづくり」の難しさを痛感したことだと思う。

アイデアを形にするだけでは「ものづくり」は十分ではない。その形作られたものが想定した通りの性能を発揮してはじめて「ものづくり」となるのである。そのことを踏まえて、これからも「ものづくり」に挑戦してもらいたい。

（北澤 雅之　和歌山高専）

表2　総合順位　*表中の高専名は、工業高等専門学校および高等専門学校を省略

作品番号	作品名	高専名	競技得点[40点]	審査委員評価点[40点]	ポスター評価点[20点]	合計得点[100点]	順位	受賞
05	Swallow Hornet	沼津	36.80	32.00	19.20	88.00	1	最優秀賞
07	TSUBAME	一関	38.40	31.33	16.80	86.53	2	優秀賞
24	ARATA号	呉	40.00	30.22	14.40	84.62	3	優秀賞
02	鳳	旭川	35.20	29.56	18.40	83.16	4	審査委員特別賞
01	S-3KT	和歌山	33.60	30.22	12.80	76.62	5	審査委員特別賞
23	そよ風1号	徳山	32.00	30.44	12.00	74.44	6	
09	わたんぽ	阿南	27.20	27.78	18.40	73.38	7	
21	CLIMBER SAVER	鹿児島	22.40	28.00	16.80	67.20	8	
03	Hanerun Fish × Hanerun Beetle	苫小牧	30.40	26.00	8.80	65.20	9	
20	プレーン5号	津山	24.00	26.22	14.40	64.62	10	
22	Hawk Eye	北九州	19.20	28.44	16.80	64.44	11	
08	Up draft	高知	28.80	29.33	4.80	62.93	12	
12	Gravic-946	釧路	17.60	25.33	20.00	62.93	12	
16	エア・YⅡ	弓削商船	20.80	28.67	12.00	61.47	14	
06	ロッキー	新居浜	25.60	26.67	8.80	61.07	15	
19	SPACE-ALBATROSS	明石	17.60	26.67	8.80	53.07	16	
04	MANTA-AGS	金沢	17.60	22.67	12.00	52.27	17	
25	フライングライダー	神戸市立	17.60	24.89	8.80	51.29	18	
15	羽化	有明	17.60	20.89	12.00	50.49	19	
17	ワタリドリ	石川	17.60	26.89	4.80	49.29	20	
10	鈴鹿高専	鈴鹿	17.60	21.56	8.80	47.96	21	
11	Eisvogel	群馬	17.60	25.56	4.80	47.96	21	
13	horizon	岐阜	17.60	23.11	4.80	45.51	23	
14	スカイレーサー	長野	17.60	22.22	4.80	44.62	24	
18	高山グライダー	大阪府立大学	17.60	20.00	4.80	42.40	25	

本選20作品

23｜徳山高専

総合得点：74.44

そよ風1号

◎藤井 嵩大／三好 悠介（5年）／田坂 優／渡邉 碧為（4年）[機械電気工学科]
担当教員：張間 貴史[機械電気工学科]

09｜阿南高専

総合得点：73.38

わたんぽぽ

◎谷 穂乃香／尾崎 志帆／蛭子 明日佳[機械工学科4年]／西岡 成生／[制御情報工学科4年]
担当教員：多田 博夫[機械工学科]

21｜鹿児島高専

総合得点：67.20

CLIMBER SAVER

◎中村 海義／宇崎 滉太／磯脇 明日夏／八木 風馬[機械工学科5年]
担当教員：椎 保幸[機械工学科]

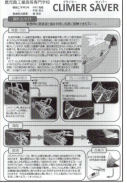

03｜苫小牧高専

総合得点：65.20

Hanerun Fish × Hanerun Beetle

◎大川 采久／渡邊 和来（5年）／南岡 和弥／渡辺 優夢（4年）[機械工学科]
担当教員：見藤 歩[機械工学科]

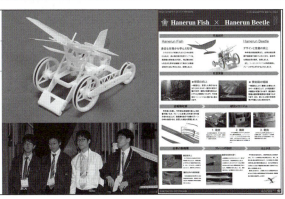

本選20作品

20 ｜ 津山高専

総合得点：64.62

プレーン5号

時澤 拓也／◎則本 成弥［機械工学科5年］
担当教員：塩田 祐久［機械工学科］

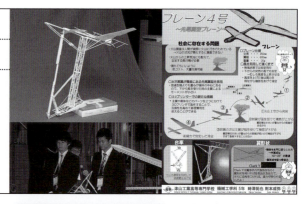

22 ｜ 北九州高専

総合得点：64.44

Hawk Eye

◎田中 天河／西城戸 透／田中 政義（5年）／
河本 歩夢（2年）［機械工学科］
担当教員：滝本 隆［機械工学科］

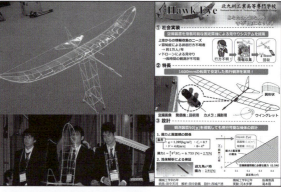

08 ｜ 高知高専

総合得点：62.93

Up draft

木下 亮汰／◎塩見 秀太／千光士 一馬［機械工学科5年］
担当教員：土井 克則［機械工学科］

12 ｜ 釧路高専

総合得点：62.93

Gravic-946

◎依田 優太朗／河合 佑紀／稲垣 基博［機械工学科5年］
担当教員：前田 貴章［機械工学科］

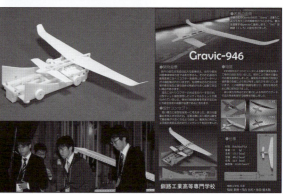

本選20作品

本選作品

16 ｜ 弓削商船高専

総合得点：61.47

エア・Y Ⅱ

◎岡田 一真／長津 弥沙樹［電子機械工学科5年］／越智 桃夏［商船学科3年］
担当教員：瀬濤 喜信［電子機械工学科］

本選作品

06 ｜ 新居浜高専

総合得点：61.07

ロッキー

岡田 和樹／新美 秀幸／◎松本 晃来／Rafhanah Qistina Binti Ramli［機械工学科5年］
担当教員：鎌田 慶宣［機械工学科］

本選作品

19 ｜ 明石高専

総合得点：53.07

SPACE-ALBATROSS

◎吉田 昂生／山口 雄也／橋本 真輔／岡崎 公宣
［機械工学科5年］
担当教員：松塚 直樹［機械工学科］

本選作品

04 ｜ 金沢高専

総合得点：52.27

MANTA-AGS

◎柿木 惇／竹本 純平［機械工学科5年］
担当教員：金井 亮［機械工学科］

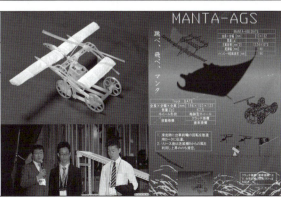

本選20作品

25｜神戸市立高専

総合得点：51.29

フラインググライダー

◎末永 和史／柿本 将大／上﨑 友也／児玉 聡暉
[機械工学科4年]
担当教員：宮本 猛［機械工学科］

15｜有明高専

総合得点：50.49

羽化

◎片山 徹也／中村 太郎／上田 陸（5年）／野原 和人（3年）［機械工学科］
担当教員：坂本 武司［機械工学科］

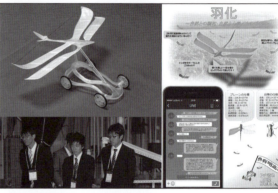

17｜石川高専

総合得点：49.29

ワタリドリ

堀川 麗菜／◎脇山 響／河合 竜平／丹羽 侑希
[機械工学科4年]
担当教員：原田 敦史［機械工学科］

10｜鈴鹿高専

総合得点：47.96

鈴鹿高専

渡邉 充哉／内田 茉友子［材料工学科3年］／
市川 明音（3年）／久保 ひな穂（2年）
[電子情報工学科]
担当教員：南部 紘一郎［機械工学科］

本選20作品

本選作品

11｜群馬高専

総合得点：47.96

Eisvogel

◎島津 耕士／川田 斐斗（3年）／富沢 陸／田端 心吾（2年）[機械工学科]
担当教員：黒瀬 雅詞[機械工学科]

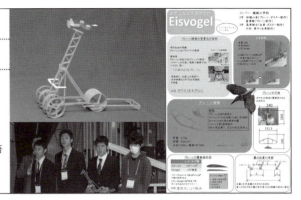

本選作品

13｜岐阜高専

総合得点：45.51

horizon

◎曽我 綾太／川村 祥真／永井 孝英／渡邉 悠介[機械工学科5年]
担当教員：山田 実[機械工学科]

本選作品

14｜長野高専

総合得点：44.62

スカイレーサー

◎中澤 雄太／小林 大輝／山岸 拓真／山﨑 裕斗[電子制御工学科5年]
担当教員：堀口 勝三[電子制御工学科]

本選作品

18｜大阪府立大学高専

総合得点：42.40

高山グライダー

野見山 賢人[メカトロニクスコース5年]◎松元 秋斗[機械システムコース4年]／長坂 弥槻（2年）／長尾 廉平（1年）[総合工学システム学科]
担当教員：松野 高典[総合工学システム学科]

AMデザイン部門（秋）応募要項と競技内容（要約）

課題テーマ：フライングプレーンⅡ

◆競技内容
書類審査用エントリーシート、プレゼンテーション、ポスターセッション、飛行競技の4項目が審査され、その合計点により順位が決まる。

◆飛行競技
①セッティング
選手4人以内がセッティングを行なう。使用する送風機（AかB）と風量（強か弱）を宣言した後、風が吹いている中でジャンプ台上部に出場作品（プレーンと台車）を設置する。セッティング時間は各試技開始前30秒とする。その間の飛行練習は許されない（すべり台と送風機の位置関係は図-1参照）。
②セッティング終了後
セッティング終了後、出場作品から手を離す1人と、台車がすべり台から落下して破損するのを防ぐ1人を残し、審査委員、スタッフや観客の邪魔にならないように他の選手はすべり台から離れる。台車をキャッチする際、各チームが予め準備した網などを用いても構わないがプレーンに触れてはならない。
③試技のスタート
司会によるスタートの合図で試技を開始する。
④試技終了
プレーンが飛行後、静止した状態で試技終了とする。競技の有効エリアを図2に示す。飛行距離および滞空時間の評価は有効エリア内で着地したプレーンに対して行なわれる。ただし、境界線③④⑤を超えた場合、原点から飛行軌跡と境界線の交点までの距離を計測し、離陸から交点に達するまでの時間を計測する。天井高さは約4mとする（図-2参照）。
⑤記録計測および得点
原点からプレーンの最も近い所までの距離をd(mm)とする。飛行距離Dは

$$D = d + 2{,}500$$

とする。プレーンが図-2に示す境界線③④を超えた場合、プレーンの飛行軌跡と境界線の交点までの距離をdとして計測する。プレーンが境界線⑤を超えて飛行した時の飛行距離Dは 10,000mmとする。
滞空時間t(秒)は、離陸時をスタートとし、着地するまでの時間をストップウオッチで計測する。離陸できなかった場合の滞空時間は0秒とする。プレーンが境界線③④⑤を超えた場合、プレーンが境界線に達した時までの時間を滞空時間tとする。各試技の性能点Pは、飛行距離D(mm)、滞空時間t(秒)とした時、次式により算出する（図-2参照）。

$$P = D \times t$$

各チーム3回の試技を実施し、得られた性能点Pの合計から競技順位Lを決め、全チーム数をNとして飛行競技得点Sを次式により算出する。

$$S = 40 \times \left(1 - \frac{L-1}{N}\right)$$

図-1：すべり台と送風機の位置関係、送風角度、風量を示す模式図（単位：㎜）

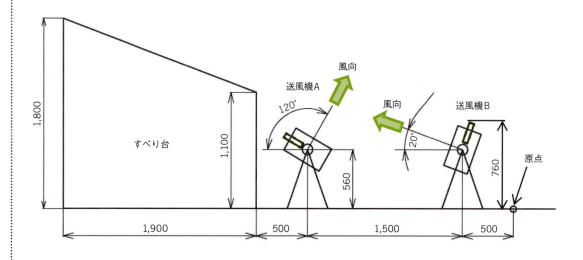

◆プレーンおよび台車の仕様

1. プレーンと台車は変形してもよい。
2. プレーンと台車は出場チームが設計・製作する。
3. プレーンと台車は3Dプリンタで製作する。3Dプリンタのメーカー、機種は問わない。3Dプリンタに使用する原材料の材質も問わない。3Dプリンタでゴムやバネのような部品を作り、プレーンを飛ばすエネルギーを生み出してはならない。
4. プレーンについて、全長100mm以上、全幅100mm以上であること。また、風や空力を利用する翼的なものを有すること。
5. 台車の総質量は、150g以下であること。ただし、以下「8.」に示す材料・部品を含む。
6. 造形時の3Dプリンタで造形した各部品の外形寸法は、100mm×200mm×200mm以下であること。プレーン全体の寸法(組立て後の寸法)には上限はない。
7. プレーンについて、3Dプリンタで用いる原材料以外に使用できる材料は以下の物に限る。
①翼の骨格に貼る薄膜の材質:紙、フィルム、ビニール、ラップ、ラバーなど、自由とする。
②糸:翼を張る目的での使用を認める。材質は自由とする。
③セロハンテープ:翼を骨格に固定する目的での使用を認める。
④おもり:プレーンのバランスをとる目的での使用を認める。
⑤接着剤:部品を接合する目的での使用を認める。
⑥ボルト、ナット、ビス:部品を結合する目的での使用を認める。おもりとしての使用を認める。
8. 台車について、3Dプリンタで用いる原材料以外に使用できる材料は以下の物に限る。
①タイヤ:タイヤの素材は自由とする。タイヤは転がり運動により台車を動かす目的での使用に限定し、他の目的での使用を認めない。ホイールに相当する部分は3Dプリンタで造形すること。
②車軸:素材、形、寸法(長さ、太さ)、重量などは自由とする。ただし、軸受けは3Dプリンタで造形する。車軸に摩擦低減のためのグリスなどの塗布は認めない。
③輪ゴム:プレーンを着脱する目的での使用を認める。使用できる輪ゴムの大きさ(規格)は、No.6、7、8、10、12、14、16、18とし、使用できる本数は計2本以内とする。ただし、プレーンに勢いをつけて投げる目的に使ってはならない。
④バネ:衝撃を吸収したり、プレーンを着脱したり、プレーンの姿勢を変える目的での使用を認める。ただし、プレーンに勢いをつけて投げる目的に使ってはならない。プレーンを着脱する目的でバネを使い、台車から真上にプレーンを放出する機構にしても、すべり台が傾斜しているため、実際はプレーンを前方に投げるエネルギーに変換されることになるので注意が必要。
⑤接着剤:部品を接合する目的での使用を認める。
⑥ボルト、ナット、ビス:部品を結合する目的での使用を認める。おもりとしての使用を認める。

◆審査方法

飛行競技得点(40点満点)、審査委員評価点(40点満点)、ポスター評価点(20点満点)の合計で総合成績(点)を算出し、得点の高い順に1位から25位まで順位をつける。
審査委員評価点は、①社会実装の可能性(配点10点)、②独創性(配点10点)、③完成度(配点10点:5段階)、④プレゼンテーション(配点10点:5段階)、⑤製作の一貫性(最大で10点減点:5段階)の観点から審査した得点とする。
ポスター評価点は、以下の通り。
①参加チームの指導教員が、自分の指導するチーム以外から、完成度の高いと思った3つのポスターを選んで投票用紙に記入し、会場内に設置された投票箱に投票。
②得票数の最も多いポスターを作成したチームを1位とし、得票数順に順位Mをつける。全チーム数をNとし、以下の式からポスター評価点Vを計算する。

$$V = 20 \times \left(1 - \frac{M-1}{N}\right)$$

図-2:すべり台に対する原点の位置および競技の有効エリア (単位:mm)

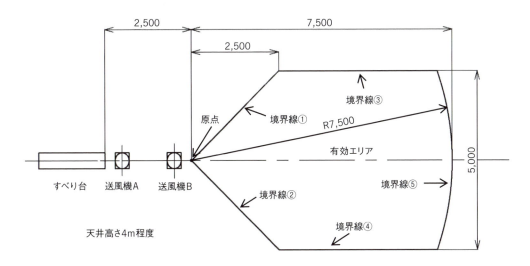

審査委員紹介

審査委員長
岸浪 建史
（きしなみ　たけし）
室蘭工業大学　監事

1944年	北海道生まれ
1966年	北海道大学工学部精密工学科卒業
1971年	北海道大学大学院工学研究科 精密工学専攻博士課程修了、工学博士取得 北海道大学工学部精密工学科　講師
1972年	同　助教授
1987年	同　教授
2003-04年	同学大学院　工学研究科長、工学部長
2004-07年	同学大学院　理事、副学長
2005-11年	内閣府日本学術会議　会員（任期6年）
2007年-	国立高等専門学校機構 釧路工業高等専門学校　校長
2010年	国立高等専門学校機構　理事
2011年-	内閣府日本学術会議　連携会員（任期6年）
2012年-	室蘭工業大学　監事

主な活動
精密工学会会員、日本機械学会会員、日本学術会議・会員・連携会員、日本工学アカデミー会員・理事、ISO/TC184/SC4専門委員会会員、JIS原案作成委員をとして活動

主な共編著書
『積層造形システム ——三次元コピー技術の新展開』（共著、1996年、工業調査会）、『Rapid Product Development』（共編著、2000年、Chapman & Hall）、『CADデータ標準化への取組み』（2003年、『日本機械学会』誌p106・pp41-45）など

主な受賞
精密工学会賞（1987年）、精密工学会 論文賞（1989年）、精密工学会 高城賞（1990年）、型技術協会 技術賞（1993年）、日本機械学会 FA部門功績賞（1996年）、精密工学会 沼田記念論文賞（1997年）、精密工学会賞（1999年）、経済産業大臣表彰（2002年）など

審査委員
柳 和久
（やなぎ　かずひさ）
長岡技術科学大学大学院／技術科学研究院　教授

1950年	新潟県生まれ
1973年	東京工業大学工学部生産機械工学科卒業
1976年	同学大学院工学研究科 生産機械工学専攻修士課程修了 同学工学部生産機械工学科　助手
1982年	長岡技術科学大学工作センター　専任講師
1985年	長岡技術科学大学機械系　助教授
1995年	同　教授
2015年-	同学大学院工学研究科 機械創造工学専攻　教授 同学技術科学研究院　教授

主な活動
精密機械システムを対象とした幾何・運動精度の光応用計測および工業規格、国際標準化に関するデータ解析などを中心に研究。また、ものづくり人材の育成と地域産業の活性化を意図した産学連携活動を推進。その傍ら、（公社）精密工学会正会員（1976年-）、ISO/TC213エキスパート（2000年-）、JIS原案作成委員（2001年-）、（公財）三豊科学技術振興協会評議員（1999年-）、NPO長岡産業活性化協会副会長（2005年-）、NPO新潟ワイルドライフリサーチ理事（2014年-）などとして活動

主な受賞
日本潤滑学会論文賞（1984年）、精密工学会 高城賞（1996年、2002年）、精密工学会北陸信越支部 技術賞（2003年）、日本工学教育協会 業績賞（2006年）、新潟日報 文化賞（産業技術部門、2006年）、トライボロジーオンライン論文賞（2010年）、精密工学会論文賞（2014年、2015年）など

審査委員
鈴木 新一
（すずき　しんいち）
豊橋技術科学大学　教授

1951年	山形県生まれ
1980年	東京大学大学院工学系研究科 航空学専攻博士課程修了、工学博士取得
1980年-	豊橋技術科学大学機械工学系　助手
1990年-	同　講師
1992年-	同　助教授
1998年-	カリフォルニア工科大学　客員研究員
2009年-	豊橋技術科学大学機械工学系　教授

主な共著書
『フォトメカニクス』（共著、1997年、山海堂）、『よくわかる実験技術・学用語』（共著、2009年、2011年、日本実験力学会）など

主な受賞
NHKロボットコンテスト大学部門 優勝（1994年、1995年、1998年、2003年、2008年、2009年）、ABUアジア太平洋ロボットコンテスト 3位入賞（2003年、2008年、2009年）、日本実験力学会 技術賞（2005年）、高速度撮影とフォトニクス2007 High-Speed Imaging Award（2007年）、日本機械学会賞（論文、2009年）など

Additive Manufacturing Design Competition Summer, in Sendai

AMデザイン
部門（夏大会）

Category 05

課題テーマ：IT関連グッズ

近年、「デジタル・データから直接さまざまな造形物を作り出す」という新たな「付加製造」技術として注目されている「3Dプリンタ」。ものづくりの新生面を開く技術として期待されている。

地域貢献できるアイデア豊かなものづくり人材育成のため、また、3Dプリンタのものづくり教育のツールとしての普及を目的として、2014年度の第1回「3Dプリンタ・アイディアコンテスト」に続く開催である。高専の学生ならではの独創的なアイデアやデザインの作品の応募を期待している。

最優秀賞
東京都立産業技術高専（A）：パチッとシステム
優秀賞
木更津高専（A）：電脳トマト
特別賞
八戸高専（B）：高血圧予防スマートグリップ
鶴岡高専（B）：晴山水
岐阜高専：スマホケース〈奏〉
奨励賞
函館高専（A）：by 3Digitizing (mimi)
八戸高専（A）：Helen (Help English Manual Alphabet)
秋田高専（A）：SMART HEAT
鶴岡高専（A）：Jig Sounds
北九州高専（A）：BattleBot（バトルボット）

＊高専名末尾に付いた(A)(B)は同じ高専の別チーム名

タイムライン *Timeline*

エントリーシート提出期間
2015.04.14-05.22
アピールシート提出期間
2015.05.23-06.30

予選応募作品 **36**
予選審査
2015.7.21

本選出場作品 **35**

本選1次審査
2015.8.26
プレゼンテーション
展示審査

本選1次通過作品 **15**

本選2次審査
2015.8.26
公開審査

受賞作品 **10**

最優秀賞

35 | 東京都立産業技術高専（A）
パチッとシステム | キッチン用フック

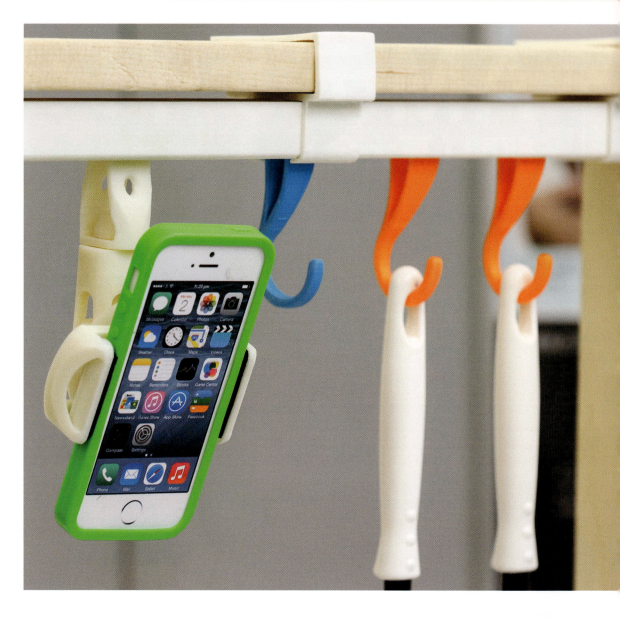

審査講評

田中 浩也：非常にユニークな発想を非常に高い技術力で実現できてこそ高専なのではないか、と個人的には期待している。その点から、発想力と技術力が両立している機構やメカニズムを評価した。

原 雄司・門田 和雄：最初は、100円ショップの雑貨商品のようだと思って見ていたのだが、説明を聞いて、3Dプリンタでこそ実現できる部品を使って機構を作ったという点がすごく心に響いた。3Dプリンタの特徴をうまく活用した好例だと思う。

瀧田 佐登子：はじめは、失礼ながら「100円均一の商品かな？」と見てしまったのだが、説明を聞く中で、素材へのこだわりや、いろいろ試す過程での問題解決方法などを評価した。

◎服部 司／小嶋 泰樹／田中 大智／佐々木 岳［生産システム工学コース４年］
担当教員：三隅 雅彦［生産システム工学コース］

パチッとシステム

東京都立産業技術高専（A）
設計 服部 司
製作 小嶋 泰樹　佐々木 岳　田中 大智

パチッとシステムとは
スマートフォン対応のキッチンフックで、普段はキッチンフックとして機能します。
フックを取り付けるときに、「パチッ」という音がなることが名称の由来です。
スマートフォンホルダーを使って目線の高さに置く事ができます。
両手が自由になり場所もとらないため、料理をより楽しむことができます。

設計コンセプト
キッチンで気軽にスマートフォンを扱うことを可能にする。
ホルダーの部品点数を少なくする事で、コンパクトサイズに。
部品は最も普及している3Dプリンタの方式である、FDM方式を使用して製作出来るようにする。

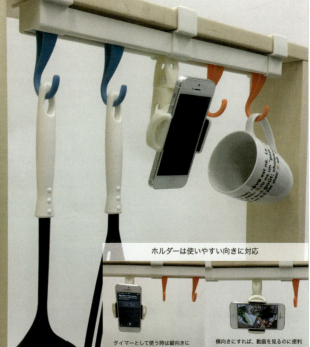

ホルダーは使いやすい向きに対応

タイマーとして使う時は縦向きに　　横向きにすれば、動画を見るのに便利

使用方法

1.アームを閉じて、スマートフォンをホルダーに取り付ける。

2.ホルダーをレールに差し込み、取り付ける。

3.接続部をつまみ、レールからホルダーを外す。

4.ケースについているボタンを押し、スマートフォンをホルダーから外す。

新開発のホルダー機構

トップカバー
爪でケースと固定するため、ネジを使用せずに組み立てできます。

ホールドアーム
ラックにより、左右の動きが同期します。

ピニオンギア・ラチェット・ぜんまい・シャフト
ホールドアームの動きを同期させるピニオンギア・逆転防止ラチェット・復帰用ぜんまい・シャフトの4つの部品を一体にする事で、部品点数を削減しています。

ケース・ラチェットストッパー
ケースはストッパーと一体となっています。
懐中時計をイメージしたスケルトンデザインです。

ボールジョイント
角度を自由自在に調節できます。
上部には継手があります。

接続部分
レールとの接続部分です。指で押しやすいように穴が開いています。

キャップ
ボールジョイントの継ぎ手をカバーします。

優秀賞

18｜木更津高専（A）
電脳トマト
環境情報表示モニタ

◎村上 嵩樹（2年）／大前 友哉（1年）[制御・情報システム工学専攻]／田口 憲昭 [情報工学科5年]
担当教員：渡邉 孝一 [情報工学科]

審査講評

原 雄司：展示審査で作者に直接、「実体化することにどんな意味があるのですか？」と訊いた時に、明確に回答してくれた。去年の状態を再現できるとか、映像ではなかなか難しいが、ああいう立体のもので連動して見られるというのが非常におもしろい考え方だなと、3Dプリンタの長所を生かした造形物を作っているところも評価した。

門田 和雄：齊藤審査委員とほとんど同意見である。展示審査で直接、作者から詳しい説明を聞いて、非常にいいと思った。

齊藤 正美：AM技術の特性を生かして、非常に薄っぺらな葉を作ったという点を評価した。この透けるような葉は、技術的にすばらしい。

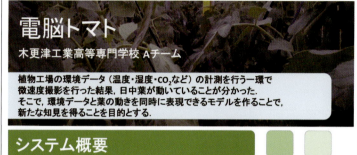

電脳トマト
木更津工業高等専門学校 Aチーム

植物工場の環境データ（温度・湿度・CO_2など）の計測を行う一環で微速度撮影を行った結果、日中葉が動いていることが分かった。
そこで、環境データと葉の動きを同時に表現できるモデルを作ることで、新たな知見を得ることを目的とする。

システム概要

本装置は、植物工場内で計測したデータを同時に表現することが可能である。

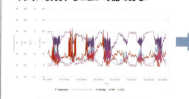

動画との連動
微速度撮影した動画中の植物の茎の動きを表現することが出来る。

ネットとの連動
実際に植物工場内で計測中のデータを反映することが出来る。

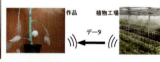

今後の展望と応用

■ 植物工場の研究支援、茎の動きのメカニズム解明への寄与。

今回、3Dプリンタを使うことで薄膜状の物が形成できることを発見した。
今後、3Dプリンタの精度が上がることによって、植物全体を形成することができるだろう。
そのとき、本装置は植物の動きなどを知る研究の手助けとなる可能性を持っている。

本装置は、株式会社大仙と共同し行ってきた植物工場プロジェクトの一環として作成したものである。

特別賞 04 | 八戸高専（B）
高血圧予防スマートグリップ　医療機器

◎上野 裕葵／稲垣 裕太［電気情報工学科5年］
担当教員：工藤 隆男［電気情報工学コース］

| 審査講評 |

原 雄司：もともとプロ格闘家としてリングに上がっていたので、「高血圧予防スマートグリップ」は非常に気になった。僕ぐらい握力が強いとどうなるのかな、と思いつつ。

瀧田 佐登子：今の社会状況をふまえて、多方面にわたる知見をもとに現代的な社会問題の解決に取り組もうとする姿勢を高く評価している。

特別賞 12 | 鶴岡高専（B）
晴山水　天気予報オブジェ

◎齋藤 広大／笹原 直哉［制御情報工学科4年］／五十嵐 聖（3年）／高橋 睦丸／竹内 稜星（2年）［機械工学科］
担当教員：今野 健一［創造工学科］

～部屋に置く、天の庭～
晴山水　鶴岡高専（B）

雨の日に傘持ち忘れ、
晴れた空には無用の長物
テレビに新聞　見れば済むけど
ついつい怠けて後の祭り
そんな経験、ございますよね。
でも、もし
一目でわかる天気予報があったなら…
毎日聞いてみたくなる
そんな素敵な
天気予報オブジェ
　　　　　卓上庭園『晴山水』。

製作
阿部 和音
佐藤 樹
田苗 友朗
森星 樹
奥山 侑揮也
サポート
伊藤 拓真
矢作 郁
佐藤 亮
佐野 一

| 審査講評 |

原 雄司：議論になった時は、遠近法を逆手にとって奥行があるように錯覚させる操作を聞いて大笑いした。けれど、ビジネス的な目線で可能性を拡大して考えると、たとえばウェブのデータを共有できる箱庭という日本的なストーリー性をもった製品として実現性がある。しかもそのデータを自分好みにカスタマイズできるようになったら、さらにおもしろいと思い、評価した。

瀧田 佐登子：私も笑ってしまった遠近法で錯覚させる手法や、ウェブとのうまい連携など、データとモノとの融合性を図ろうとしているトータル的なバランスを評価した。

齊藤 正美：2という厳しい点を付けた。5を付けた瀧田審査委員とは観点が違うのだと思う。見た目も非常にきれいで、IT関連商品としてもなかなかいいと思ったが、AMデザインを使う必然性がはっきりしない。今回はあくまでもAMデザインのコンペティションということで、AMデザインでなくてもできる技術を使った作品への評価は厳しくした。

特別賞

24｜岐阜高専
スマホケース〈奏〉
救急笛付スマホケース

◎山田 祥平／奥村 亮太／中村 善洋／牧野 聡［電子制御工学科5年］
担当教員：小林 義光［電子制御工学科］

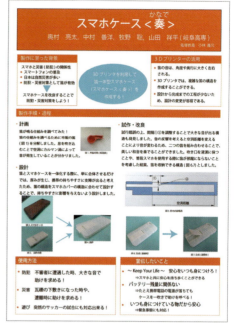

｜審査講評｜

伊藤 早直：僕は技術的な観点はさておき、実用性という観点で、世の中に広く役立てようという立場から生まれた作品やプレゼンテーション（プレゼン）の作品を推したいと思っていた。しかし、それだけではおもしろくない。抜群に話のうまいやつが世の中にはやっぱりいるもので、プレゼンがすばらしかった。すごく物語性があっていいなと評価した。

奨励賞　01｜函館高専（A）

by 3Digitizing (mimi)　補聴器

中島 静也（5年）／◎角谷 友紀／村本 茉優／武田 修幸（3年）［生産システム工学科機械コース］／西村 みさき［生産システム工学科情報コース3年］
担当教員：山田 誠［生産システム工学科］

|審査講評|

原 雄司：展示審査での説明がおもしろかった。コスプレのようにすれば、さらにおもしろいと思った。高齢者は知らないだろうが、これに脳波の感情センサを付けて耳にかぶせ、アニメに登場する「エルフ」のように感情に応じて動くようにしたら可愛いのではないか。ヒット商品とは、実は現実的な製品から生まれるように思う。一方、1人1人にフィットする物を作るという点で、3Dプリンタの一番の特長を生かした作品であることを評価した。ないと思うが、今後、アルミを使えるAM技術を開発するくらいの意気込みで取り組んでもらいたい。

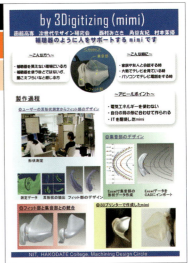

奨励賞　03｜八戸高専（A）

Helen (Help English Manual Alphabet)　手話学習キット

◎清水 健司［機械デザインシステム専攻専攻科1年］／吉田 寛和［電気情報システム専攻専攻科1年］
担当教員：丹羽 隆裕［総合科学教育科］

|審査講評|

伊藤 早直：最後までプレゼンテーション（プレゼン）にこだわりたいと思う。時間切れでプレゼンが途中で終わってしまったので、「頑張れ」「ぜひ、来年以降に巻き返してね！」という意味で選んだ。プレゼンで決められた時間内に、自分の思いを伝えることは非常に重要だと思うので、ぜひ頑張ってほしい。

奨励賞　09｜秋田高専（A）

SMART HEAT　放熱性のよいスマホケース

松本 真治（専攻科2年）／◎齊藤 諒／長谷川 俊幸／小林 陽介／福田 翔／▲小玉 翔太（専攻科1年）［生産システム工学専攻］
担当教員：小林 義和／宮脇 和人［機械工学科］

|審査講評|

齊藤 正美：いろいろ迷ったが、実用性とデザイン性を考慮し、AMデザイン技術を応用したところを評価した。ただし、展示審査の時に話したように、この作品は材料がABSだと効果が小さい。金属にすると効果が高まり、実用性が高まる。作者は「やはりこれはアルミぐらいじゃないとダメだ」と弱点についてもはっきり自覚していて、しっかり答えてくれた。たぶん今はアルミは使えないと思うが、今後、アルミを使えるAM技術を開発するくらいの意気込みで取り組んでもらいたい。

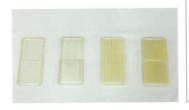
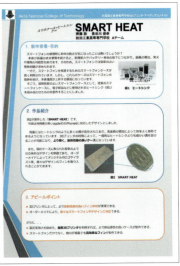

＊▲印は臨時参加

11 | 鶴岡高専（A）

奨励賞

Jig Sounds　　スピーカー

◎阿部 和音（4年）／田苗 友朗／森屋 樹（3年）[機械工学科]／
佐藤 樹 [制御情報工学科4年]／奥山 侑揮也 [電気電子工学科2年]
担当教員：今野 健一 [創造工学科]

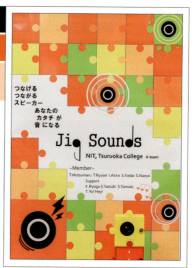

| 審査講評 |

瀧田 佐登子：商品にする場合、見た目も重要で、これはすごくかわいい。それから今後の発展性も評価したい。これからは製品化も見据えて頑張ってほしいと思う。

---

32 | 北九州高専（A）

奨励賞

BattleBot　（バトルボット）　　玩具

久保 諭敏／秦 裕貴 [生産デザイン工学専攻科1年]／
◎田中 政義／矢野 裕也／西城戸 透 [機械工学科5年]
担当教員：滝本 隆 [機械創造システムコース]

| 審査講評 |

門田 和雄：私は2014年にフードプリンタという3Dプリンタを作って発表したが、すでに、食物、コンクリート、木を練ったものなど、さまざまなものを材料とする3Dプリンタが登場している。今回は3Dプリンタによる作品の競技だったが、今後はみなさんにぜひ、3Dプリンタ自体を作る研究もしてほしい。その期待を込めて、陶片とABSを混ぜた材料を使ったこの作品を推した。

本選1次通過5作品

19 木更津高専（B） 感性伝達モニタ

アフェクティブラビット

根本 明（専攻科2年）／◎福原 直也（専攻科1年）[制御・情報システム工学専攻]／鎌田 一樹／門田 雅志／東 佳奈[情報工学科5年]
担当教員：栗本 育三郎[情報工学科]

アフェクティブラビット

目的
ALS(Amyotrophic Lateral Sclerosis)とは筋肉を支配している神経が変性し、筋肉が萎縮する病気である。病状が進行すると、意思の表現手段が失われてしまう。ALS患者向けのコミュニケーション支援を目的とした機器はいくつか存在するが、感性を伝えるのに言葉では伝えきれない部分がある。そこで、ALS患者が喜怒哀楽の感性を元に感情で意思を伝えることができる人工物を製作した。眼球運動は最後まで残りやすいため、視線入力装置を用いる。

システム概要
フルカラーLEDとスピーカーによって感性を表現する。人工物は、樹脂の色が白色であること、癒しの効果を得られるようにすること、光っても違和感がないことを考慮し、雲うさぎを製作する。

使用風景（送信側） 使用風景（受信側）

感性と音の関係 **感性と光の関係**
音楽心理学者Hevner(1935)の研究に基づいて作成した。怒りの印象語は定義されていなかったため、意味が近いrobustを採用した。和声は利用しないため無視する。 33人に感性からイメージする色についてアンケートを行い、作成した。
喜(左上)怒(右上)哀(左下)楽(右下)

今後の展望
- 表現できる感性を増やすことでより豊かなコミュニケーションを可能にする。
- ネットワーク通信を実装することで離れた患者間でピアサポートを可能にする。
- 実際に使用してもらい、使いやすさを追求する。

本計画は平成27年度、三機関連携事業推進アシスティブテクノロジーによる教育研究活動の補助と医療法人徳洲会ALSケアセンター（センター長今井尚志）の助言等の協力を受けて作成したものである。

---

22 石川高専（B） 扇風機

USB 扇風機

森 健斗／梶川 琢馬[電子機械工学専攻専攻2年]／◎野村 健人／ヘンドリック・ルンバントルアン／宮岸 大輝[電子情報工学科5年]
担当教員：小村 良太郎[電子情報工学科]

USB扇風機
〜この夏 扇風機が変わる〜

3Dプリンタで各部品を設計 IoT機器として動作
接合部のデザインを分解することでユーザが自由にデザインできる
デザイン性を高めるもの、実用性を高めるものユーザが自由
土台 + 土台の中にマイコン(intel Edison)を収納。巻き込むプログラム、接続するセンサ等によって応用性は無限大

送風部のデザイン例 IoT機器としての使用例
取り換えも可能なので好きな部品を選べる 環境ログ（温度）
センサで温度を測り、 値をマイコンで処理。
Webページの画面（下のメータ）を温度の変化に連動して変化するようにした。
展示してあります。

土台のデザイン例 最後に
アイデア次第で独創的なデザインでも設計できます 皆さんのオフィスが少しだけ
快適に 華やかに
なります

---

23 福井高専 救急笛

アイホイッスル（e-Whistle）

◎清水 雄太朗／告吉 隆太[機械工学科5年]
担当教員：安丸 尚樹[機械工学科]

アイホイッスル（e-Whistle）

清水 雄太朗[1]、告吉 隆太[1]、安丸 尚樹[2]、松島弘明[3]
[1]福井工業高等専門学校Aチーム 機械工学科5年、[2]福井工業高等専門学校 指導教員
[3]協力企業（株）シューユウ（福井県鯖江市、眼鏡枠メーカー）

$L = \lambda/4 - \Delta L$
$\Delta L = 0.6 \times r \cdots ①$
$\lambda = V/f$
V（音速）

本選1次通過5作品

25 沼津高専（A） マウス

YOUマウス

◎相馬 和奏／池ヶ谷 萱／渡辺 実苗 [制御情報工学科4年]
担当教員：藤尾 三紀夫 [制御情報工学科]

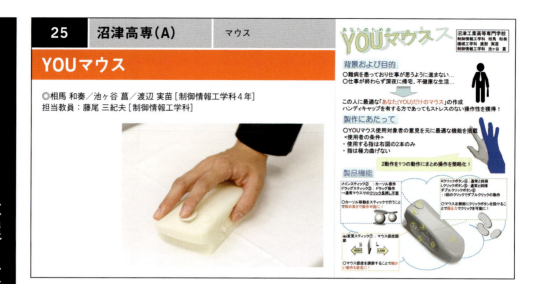

29 呉高専 楽器

エアーインスツルメンツ

◎野平 滉人／室川 英知／片山 聡 [電気情報工学科5年]／
盛本 秀之／矢野 恵太 [機械工学科5年]
担当教員：山脇 正雄 [電気情報工学分野]

多様な評価軸を顕在化する

本選 審査総評

田中 浩也（審査委員長）

これまでに公開審査は例がないと聞いたので、まずは公開審査の必要性について説明したいと思う。

たとえば、スポーツで考えてほしい。速さを競う100m走や200m走であれば、結果が数値で出るので、誰が1位で誰が2位なのかが明確だ。これらは審査委員の必要ないタイプのスポーツだと言える。一方、シンクロナイズドスイミングやフィギュアスケートの場合は、数値だけで評価できない。技術点、芸術点、創造性などを総合的に審査した結果をもとに点数を付けて評価するからだ。長い歴史に基づき「こういう演技がすばらしい」という共通の評価基準がある程度でき上がっている分野だからこそ、この方法で評価できるわけである。

今回のAMデザインは後者の分野にあたるが、シンクロナイズドスイミングやフィギュアスケートと違って、全く未知の新しい分野である。そのため、どういうものをすばらしいと認め、これから大切に育てていくべきなのか、という評価の軸がまだ定まっていない。

したがって、各審査委員の採点した結果を公開したが、得点だけで賞を決めることはやめることにした。審査委員室で議論したところ、さまざまな評価軸が考えられるため、どの審査委員も自身の評価に100％の自信がもてず、非常に悩んでいた。各審査委員から「他の審査員がどんなことを考えて評価したのかを聞きたい」「知りたい」という声が上がった。それならば、議論した上で賞を決定しようと考えたわけである。

議論の中で、もしかすると、私が高い点数を付けた作品に対して、他の審査委員から「どこかで見たことがある」「独創的でないのではないか」という意見が出るかもしれない。逆に、他の審査員の説明を聞いて「そう考えればこの作品はとてもすばらしいな」と考えて、その作品への評価が高くなることも十分に考えられる。そうであれば、ここは秘密を作らず、みなさんにすべて見えるところで議論して、勝負を決めたい。それで、公開審査にした。

そのような考え方のもとにすべての賞が決まった。

やはり議論してみると、最初の得点順にはなっていない。広く議論すると、大いに可能性が広がる、ということだと思う。

最後に、今回は課題「IT関連グッズ」に対して、大きく分けて2種類の提案があった。1つは、毎日使っている既存のIT関連機器を、AMデザインの技術を使って作った部品によって拡張するという考え方。つまり、スマートフォンのアタッチメントに代表される提案で、今回の応募作品のほとんどが該当する。

もう1つは、全く新しいITグッズの提案。最初にこのテーマを聞いた時、私は、後者を期待していたが、残念ながらそういう作品はほとんど見当たらなかった。まだ電化製品店には売っていないような製品をこれからIT化し、デジタル化し、ネットワーク化し、発明するという思考が学生諸君にもう少しあったら、もっとよかったと思う。

＊2015年8月26日 本選審査後の発言をもとに作成

開催概要

AMデザイン部門（夏大会）概要

課題テーマ	IT関連グッズ
審査委員	田中 浩也[委員長]、原 雄司、門田 和雄、瀧田 佐登子、齊藤 正美、伊藤 早直
応募条件	2～5人以内のチームによるもの。各校（キャンパス）2チームまで。1チームにつき1作品。地域企業との合同作品（高専単独でも可）。模倣でなく、自ら発案し製作した造形物に限る。高専に設置の3D・CADと3Dプリンタを使用
応募数	36作品（112人、23高専）
応募期間	エントリーシート提出期間：2015年4月14日（火）～5月22日（金）
	アピールシート提出期間：2015年5月23日（土）～6月30日（火）
担当	東北地区国立高等専門学校
主管校	八戸工業高等専門学校、仙台高等専門学校

予選審査

日時	2015年07月21日（火）
予選提出物	エントリーシート（学校名、チームメンバー氏名、指導教員氏名、連絡先）、アピールシート（チーム別説明資料：造形物〈IT関連グッズ〉のアピールポイント〈作品名、背景、目的、製作手順、経過、使用方法、宣伝など〉、A4判2枚以内、造形物がよく理解できる写真添付）または造形物の説明資料（A4判PDFデータ）
審査内容	造形物の説明資料をもとに、作品の独創性、有用性、実現可能性を審査し、20作品をめどに選出する予定だったが、審査委員の要望により全応募作品が本選に進出
予選通過数	全36作品

本選審査

日時	2015年8月26日（水）13:00～18:00
会場	東北大学 川内北キャンパス 講義棟C棟2階
本選提出物	ポスター（A1判1枚）、展示用造形物、プレゼンテーション用データ（USBメモリ）
	審査過程 本選1次審査
	①プレゼンテーション審査（4分×35チーム） 13:10～16:20
	②展示審査 16:20～16:50
	参加数：35作品（110人、22高専〈1校欠場〉）
	本選2次審査
	③公開審査 17:15～18:00
	参加数：15作品（51人、12高専）

本選
概要

ユニークな作品と会場を沸かせた巧みな話術

本選1次審査

開催の経緯

2015年度から、デザコンにAMデザイン（Additive Manufacturing Design）部門（夏大会）が加わることになった経緯は、経済産業省（経産省）の職員からの「高専のコンテストの多くが教育的な範疇に留まっていてもったいない、社会問題解決型のコンテストがあってもよいのでは」という助言に端を発している。高専機構（独立行政法人国立高等専門学校機構）に許可を得て、八戸高専と仙台高専を世話校に東北地区高専が協賛することで開催に至った。

開催までどんな作品が出展されるのか不明だったが、アピールシートを見る限りアイデアに富む、ワクワクする作品ばかりであった。そのレベルの高さは、高専機構主催で2008年から始まった「全国高等専門学校3次元ディジタル設計造形コンテスト」により蓄積された3Dプリンタを利用する文化が育まれていたためだろう。あらためて高専の学生がものづくりマインド（イノベーションマインド）にあふれていることを示唆するようなコンテストとなった。

展示会場の設営

当日は11:30からの受付を済ませ、展示会場では、チーム番号と学校名の表示された指定のブースごとに、学生たちは当日持ち込んだポスターや造形物を中心に、それぞれ個性豊かな展示と飾り付けに精を出していた。展示が完了すると、それぞれの作品に応じて、動作確認や照明などを調整。展示審査の練習をする風景も見られた。参加した35チームには、女子学生だけのチームや専攻科の学生だけのチームもあった。

プレゼンテーション審査

大講義室での開会式に続いて、各チーム4分のプレゼンテーション（プレゼン）。休憩を挟んで、前半18チーム、後半17チームに分かれた。製品化を見越した作品のプレゼンらしく、わかりやすく、観覧者の笑いを誘うユニークなものも多かった。

*文中の（ ）内の2桁数字は、作品番号

展示審査

　展示会場に場を移し、審査委員が作品ブースを自由に訪問し造形物やポスターをもとに作者から直接説明を聞く展示審査。限られた時間のため、審査委員ごとに、プレゼンを聞いて気になった作品を選んで足早にブースに向かう。学生たちは慣れた様子で、楽しげな実演やデモンストレーションを見せたり、審査委員からの厳しい質問にテキパキと答えていた。

採点表をもとに公開の場で15作品を選出

　審査終了後、審査委員たちは別室で採点。各審査委員ごとに、5点を4作品、4点を7作品、3点を18作品、2点を7作品選出した。当初は集計した得点をもとに受賞作品が決まる予定だったが、田中審査委員長からの提案により、急遽、公開審査を行なうことになった。

　ステージ上に審査委員が並び、得点の多い順に並べられた集計結果が後方のスクリーンに映し出され、受賞候補となる作品を選び出すための本選1次審査が始まった。

　集計結果をもとに、まず、全部で10の賞があることから上位10位までの作品、それに加えて審査委員の1人でも最高の5点を付けた作品を選ぶことになった。結果、10位までの13作品と、1つでも5点票の入った2作品、計15作品が本選1次審査を通過した（表1参照）。

　また、田中審査委員長からは「集計表では、全員が2点を付けた作品は1つもない。このコンペのレベルがいかに高かったかが表れている」という賛辞があった。

表1　本選1次審査　評価集計表

作品番号	作品名	高専名（キャンパス名）	田中	原	門田	瀧田	齊藤	伊藤	合計	順位
35	パチッとシステム	東京都立産業技術 (A)	5	5	5	5	5	3	28	1
18	電脳トマト	木更津 (A)	3	4	5	4	5	5	26	2
04	高血圧予防スマートグリップ	八戸 (B)	3	5	3	5	4	5	25	3
32	BattleBot（バトルボット）	北九州 (A)	4	4	5	5	4	3	25	3
01	by 3Digitizing（mimi）	函館 (A)	5	5	5	3	3	2	23	5
24	スマホケース（奏）	岐阜	3	5	4	3	3	5	23	5
29	エアーインスツルメンツ	呉	5	4	4	4	3	3	23	5
09	SMART HEAT	秋田 (A)	4	3	2	4	5	4	22	8
19	アフェクティブラビット	木更津 (B)	4	3	3	3	4	5	22	8
11	Jig Sounds	鶴岡 (A)	4	4	2	3	4	4	21	10
22	USB扇風機	石川 (B)	3	3	3	4	4	4	21	10
23	アイホイッスル（e-Whistle）	福井	5	4	3	3	3	3	21	10
25	YOUマウス	沼津 (A)	4	3	3	3	5	3	21	10
03	Helen (Help English Manual Alphabet)	八戸 (A)	4	3	3	3	5	2	20	14
12	晴山水	鶴岡 (B)	2	5	2	5	2	4	20	14
15	tieっちぺん	茨城 (A)	3	3	4	3	3	3	19	16
16	Security charm	茨城 (B)	4	4	3	3	2	3	19	16
20	RFID-Voca押しゃべり君	長野	3	2	3	4	4	3	19	16
02	スマホも置ける！海の函館USBメモリ	函館 (B)	2	3	4	4	2	3	18	19
14	まき²∩小指元気！	福島 (B)	3	3	3	2	3	4	18	19
21	mics!	石川 (A)	3	2	4	3	3	3	18	19
06	Around Phone	仙台（広瀬）(B)	3	4	2	3	3	2	17	22
08	万能充電スタンド「いつでも君」	仙台（名取）(B)	3	3	3	3	3	2	17	22
10	バリアブルウォッチ	秋田 (B)	2	3	2	4	2	4	17	22
13	スマートライトシェード	福島 (A)	3	3	3	2	3	3	17	22
31	基盤固定用小型VSA	有明	3	3	3	2	3	3	17	22
33	マルチケーブルストッカー	北九州 (B)	3	2	3	3	3	3	17	22
05	電球カバー Bell Flower	仙台（広瀬）(A)	2	3	3	3	3	2	16	28
17	フットレイ	群馬	3	3	3	2	2	3	16	28
26	掌オアシス	沼津 (B)	2	3	3	3	2	3	16	28
28	スマートケーブル	広島商船	3	2	3	2	3	3	16	28
30	PINKIE PROTECTOR	弓削商船	3	3	3	2	2	3	16	28
34	Jeune fille	沖縄	2	3	3	3	2	3	16	28
36	iCustom	東京都立産業技術 (B)	3	2	3	2	3	3	16	28
07	たくさん繋がるマルチタップ「絆」	仙台（名取）(A)	2	3	3	3	2	2	15	35
27	無線通信機内蔵インプラント	米子								欠場

凡例：
* 各審査委員は5点を4作品、4点を7作品、3点を18作品、2点を7作品選出で採点
* 齊藤審査委員は誤って5点を5作品選出
* 黄色は5点評価
* 青は、本選1次審査通過作品。10位までの作品と5点評価の付いた作品が本選1次審査を通過

本選２次審査（公開審査）

公開の場で議論を通して各賞を決定

本選２次審査は、審査時間の制約から、最優秀賞、優秀賞、特別賞、奨励賞の順に議論をしながら決めていくことになった。

まずは各審査委員から、各自表明した評価軸（本書137ページ参照）に沿って5点を付けた作品についてコメントがあり、それをもとに議論が進んだ。作品の将来の可能性についての意見なども噴出し、大いに沸いた。5点評価を付けた作品の中でも各審査委員が特に推す数作品に絞る中、岐阜高専『スマホケース〈奏〉』(24)を推す伊藤審査委員以外の5人が一致して推す東京都立産業技術高専(A)『パチッとシステム』(35)が最優秀賞として承認された（表2参照）。

次に、各審査委員が優秀賞として1作品ずつ推薦。その中で最多の4票を集めた木更津高専(A)『電脳トマト』(18)が優秀賞に決まった（表3参照）。優秀賞として推薦された残りの2作品、八戸高専(B)『高血圧予防スマートグリップ』(04)と岐阜高専『スマホケース〈奏〉』(24)は特別賞として承認された。

特別賞の残りの3枠目は、多彩な審査委員から良い点悪い点含めてこれだけ議論が沸騰するというのは非常に「特別な」作品だという田中審査委員長の意見に一同が合意。原審査委員、瀧田審査委員が一貫して高評価していた鶴岡高専(B)『晴山水』(12)が特別賞ということになった（表4参照）。

表2　最優秀賞の選定
＊各審査委員が最優秀賞候補を推薦　＊数は任意

作品番号	作品名	高専名	田中	原	門田	瀧田	齊藤	伊藤	合計	受賞
35	パチッとシステム	東京都立産業技術(A)	1	1	1	1	1		5	最優秀賞
18	電脳トマト	木更津(A)					1		1	
04	高血圧予防スマートグリップ	八戸(B)							0	
32	BattleBot（バトルボット）	北九州(A)							0	
01	by 3Digitizing (mimi)	函館(A)	1						1	
24	スマホケース〈奏〉	岐阜						1	1	
29	エアーインスツルメンツ	呉	1						1	
09	SMART HEAT	秋田(A)					1		1	
19	アフェクティブラビット	木更津(B)							0	
11	Jig Sounds	鶴岡(A)							0	
22	USB扇風機	石川(B)							0	
23	アイホイッスル（e-Whistle）	福井	1						1	
25	YOUマウス	沼津(A)							0	
03	Helen（Help English Manual Alphabet）	八戸(A)					1		1	
12	晴山水	鶴岡(B)		1		1			2	

表3　優秀賞と特別賞1、2の選定
＊各審査委員1票

作品番号	作品名	高専名	田中	原	門田	瀧田	齊藤	伊藤	合計	受賞
35	パチッとシステム	東京都立産業技術(A)							0	最優秀賞
18	電脳トマト	木更津(A)	1	1	1		1		4	優秀賞
04	高血圧予防スマートグリップ	八戸(B)				1			1	特別賞1
32	BattleBot（バトルボット）	北九州(A)							0	
01	by 3Digitizing (mimi)	函館(A)							0	
24	スマホケース〈奏〉	岐阜						1	1	特別賞2
29	エアーインスツルメンツ	呉							0	
09	SMART HEAT	秋田(A)							0	
19	アフェクティブラビット	木更津(B)							0	
11	Jig Sounds	鶴岡(A)							0	
22	USB扇風機	石川(B)							0	
23	アイホイッスル（e-Whistle）	福井							0	
25	YOUマウス	沼津(A)							0	
03	Helen（Help English Manual Alphabet）	八戸(A)							0	
12	晴山水	鶴岡(B)							0	

表4　特別賞3の選定

作品番号	高専名	田中	原	門田	瀧田	齊藤	伊藤	合計	受賞
35	東京都立産業技術(A)							0	最優秀賞
18	木更津(A)							0	優秀賞
04	八戸(B)							0	特別賞1
32	北九州(A)							0	
01	函館(A)							0	
24	岐阜							0	特別賞2
29	呉							0	
09	秋田(A)							0	
19	木更津(B)							0	
11	鶴岡(A)							0	
22	石川(B)							0	
23	福井							0	
25	沼津(A)							0	
03	八戸(A)							0	
12	鶴岡(B)	1						1	特別賞3

＊田中審査委員長の推薦に審査員一同が合意

　最後の奨励賞は、審査委員長を除く5人の審査委員がそれぞれ1作品を選出することになった。「奨励賞は、ここを直せばまだまだビジネス化も、社会で活用されることも夢ではない作品や、この時点では改良すべき点が多いけれども、可能性に満ちているという意味で奨励をする作品だと解釈できる」との田中審査員長からの提案に基づき、各推薦者は改善点についてのコメントを付け、5作品が選ばれた（表5参照）。

　　　　　（工藤 隆男　八戸高専）

表5　奨励賞の選定

作品番号	高専名	田中	原	門田	瀧田	齊藤	伊藤	合計	受賞
35	東京都立産業技術(A)							0	最優秀賞
18	木更津(A)							0	優秀賞
04	八戸(B)							0	特別賞1
32	北九州(A)			1				1	奨励賞1
01	函館(A)		1					1	奨励賞2
24	岐阜							0	特別賞2
29	呉							0	
09	秋田(A)						1	1	奨励賞3
19	木更津(B)							0	
11	鶴岡(A)				1			1	奨励賞4
22	石川(B)							0	
23	福井							0	
25	沼津(A)							0	
03	八戸(A)						1	1	奨励賞5
12	鶴岡(B)							0	特別賞3

＊審査委員長以外の各審査委員1票

各審査委員の評価軸

田中 浩也（審査委員長）

これまで技術やテクノロジーだけを重視して発展してきたエンジニアリングやものづくりに対して、「やっぱりこれからは創造力や発想が大事だ」という説をよく耳にする。しかし、だからといってテクノロジーを捨てる必要はない。つまり、これからは技術力と発想力の両方が必要なのだ。発想力が大事だということばかり強調されると、ともすれば発想ばかりに偏ってしまいかねない。

高専の学生には、ほんとうに可能性を感じている。非常にユニークな発想を非常に高い技術力で実現できてこそ高専だと個人的には期待しているので、発想力と技術力の両方を感じられる作品に5を付けた。

原 雄司

僕の解釈では、3Dプリンタの特徴は「複雑なものが作れる」「1個から作れる」「3Dデータを作ってデータは距離を超えられる（3Dファックスのような使い方ができる）」である。今回はこの3つの基軸で審査した。

技術力のみで勝負する市場は、もう飽和状態に近づいている。そのため、今後は「技術ありき」で、何かを組み合わせることによって新しい価値をもつ製品を作ることが重要となる。その観点から、AM、3Dプリンタはメリットのある道具である。そういう面で、うまい使い方をしているかどうかという観点で審査した。

門田 和雄

2014年度までは東京工業大学附属高校機械科の教員で、生徒と一緒に3Dプリンタを使ってモデリングしたり、ソリッドワークスを教えたり、ロボット制御の研究などをしていたので、どちらかというとメカニカルな視点から審査した。あとはデザイン、機能、プレゼンテーション、完成度などを重視して評価した。

瀧田 佐登子

私は、単に出力されたモノだけではなく、そのモノが周りにどういう影響をもたらすのか、ということを含めて評価した。また、提案の中に「これがネットにつながってウェブにつながったら自分の作ったモノの価値が、だんだん変わってくるんじゃないかな」というような発展性があるかどうかを評価した。

齊藤 正美

エンジニアリング・デザイン（工業製品の生産過程）の観点から考えると、今までは機械なら機械、電気なら電気の専門家として設計ができれば、技術者としてある程度通用し、会社で大事にされてきた。しかし、今の時代、それだけでは、社会に出てから技術者として成り立っていくのが大変難しくなっている。と言うのは、電気、機械、化学などの分野では、「技術的にはもう飽和状態」というか、技術的なレベルがかなり高くなり成熟してきているので、技術力だけで勝負することが、とても厳しくなっている。そこで、ものづくりを中心とした産業を支えていくために、我々には、技術プラスもう1つの能力が必要なのだ。

だから、私が今回の審査で評価の基準にしたのは2つである。1つは、社会のニーズや、自分がこういう物を作りたいというコンセプト。これをいかに形にするか、いかに自分のコンセプトをシステムにしていくか、という方法論が必要なので、このコンセプトを形にする過程で独創性や工夫があるかという観点から評価した。もう1つは、AM技術の特徴や長所を、いかに上手に取り入れて物を作っているか、という観点を大事に審査した。

伊藤 早直

3Dプリンタには可能性があると言われるが、何でもできるわけではない。そこで、具体的な可能性について、若いみなさんの柔らかい頭で何とか考えてもらいたい。一方、やはり工学の分野だから、ある程度割り切った世界をつくり、その範囲で、みなさんが3Dプリンタで実現できるさまざまな工業製品や、世の中に役に立つような物を提案してくれることをとても期待してる。

本選20作品

02｜函館高専（B）

USBメモリ

スマホも置ける！ 海の函館USBメモリ

◎佐藤 柚季／松山 愛海／三浦 菜那／渡邊 ひらり［物質環境工学科2年］／濱野 志奈［生産システム工学科2年］
担当教員：中村 尚彦［生産システム工学科］

05｜仙台高専（広瀬）（A）

照明器具

電球カバー Bell Flower

◎勝倉 史也／青木 祐人［知能エレクトロニクス工学科4年］／浅野 瑞樹［情報システム工学科4年］
担当教員：末永 貴俊［知能エレクトロニクス工学科］

06｜仙台高専（広瀬）（B）

スマホホルダー

Around Phone

◎及川 右貴／遠藤 優磨／三國 裕真［知能エレクトロニクス工学科5年］
担当教員：末永 貴俊［知能エレクトロニクス工学科］

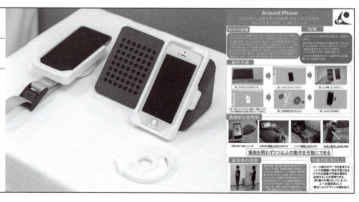

07｜仙台高専（名取）（A）

電源タップ

たくさん繋がる マルチタップ「絆」

◎横山 亮／伊藤 健太／目黒 太規／小野寺 柊太／佐々木 達也［機械システム工学科4年］
担当教員：遠藤 智明［総合科学系理数科専攻科］

本選20作品

本選作品

08 | 仙台高専（名取）(B)

スマホ充電ホルダー

万能充電スタンド「いつでも君」

◎秋山 颯人／永沼 礼也／前澤 大河／
関 広介 [機械システム工学科4年]
担当教員：遠藤 智明 [総合科学系理数科専攻科]

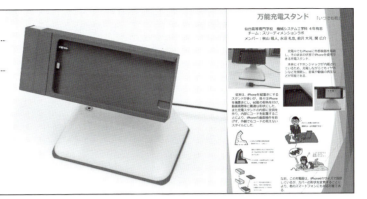

10 | 秋田高専 (B)

時計

バリアブルウォッチ

◎秋山 卓登／五十嵐 大樹／
菅原 拓斗／伊藤 伸太朗／
吉田 一貴 [機械工学科4年]
担当教員：宮脇 和人／丸山 耕一
[機械工学科]

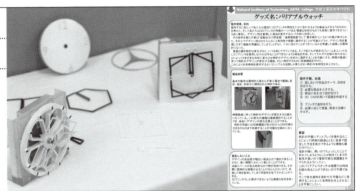

13 | 福島高専 (A)

スマホのライト用シェード

スマートライトシェード

◎今井 志信／高倉 友菜 [物質工学科2年]／仲田 倫太郎 [機械工学科2年]／
由利 優樹 [建設環境工学科2年]
担当教員：布施 雅彦 [一般教科]

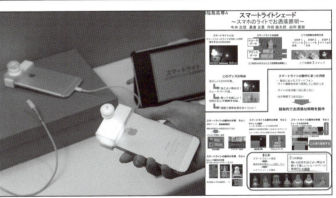

14 | 福島高専 (B)

フィンガーホルダー付スマホカバー

まき²∩小指元気！

坂本 梓 [機械・電気システム工学専攻専攻科1年]／小野 敬裕（5年）／
◎髙野 円香／海原 陽菜子／強口 藍子
（3年）[機械工学科]
担当教員：鈴木 茂和 [機械工学科]

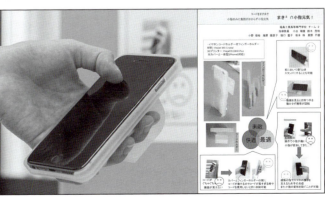

本選20作品

15 ｜ 茨城高専（A）

タイピン型タッチペン

tieっちぺん

栗田 芳樹（5年）／◎森江 康柄（4年）
[機械システム工学科]
担当教員：冨永 学［機械システム工学科］

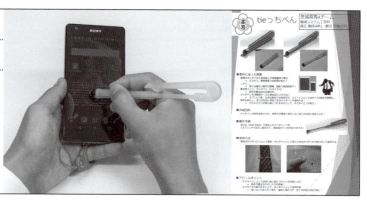

16 ｜ 茨城高専（B）

スマホ紛失防止タグ

Security charm

◎佐々木 梨乃／内田 萌里／柴沼 茉由
[機械システム工学科2年]
担当教員：冨永 学［機械システム工学科］

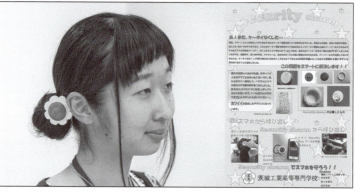

17 ｜ 群馬高専

足用タッチパッド

フットレイ

◎藤井 敦司／仁木 彰太（3年）／
干川 大和（2年）／手嶋 勇太／
小倉 魅一（1年）［機械工学科］
担当教員：黒瀬 雅詞／花井 宏尚
[機械工学科]

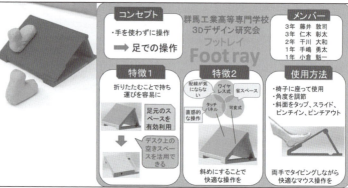

20 ｜ 長野高専

点字学習装置

RFID-Voca 押しゃべり君

中澤 貴広／清水 裕貴（専攻科2年）／
◎小林 聖弥（専攻科1年）［生産環境システム専攻］
担当教員：中山 英俊［電子制御工学科］

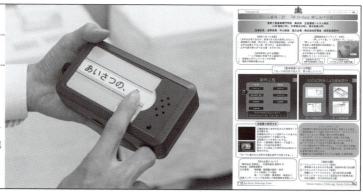

本選20作品

21 | 石川高専（A）

iPhoneケース

mics！

◎屋敷 遥夏（5年）／敷浪 俊樹（4年）／坂本 成覧／酒井 梨絵（3年）［電子情報工学科］
担当教員：小村 良太郎［電子情報工学科］

26 | 沼津高専（B）

小型加湿器

掌オアシス

◎小野田 莉奈［制御情報工学科3年］／山内 菜摘［電子制御工学科3年］／畑中 智江［機械工学科3年］／佐野 華鈴［物質工学科3年］
担当教員：藤尾 三紀夫［制御情報工学科］

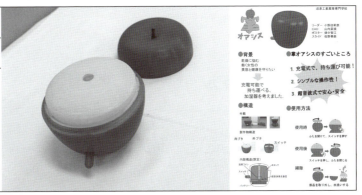

28 | 広島商船高専

ケーブルカバー

スマートケーブル

◎日原 綾香／横山 誠（4年）／内田 斗和／射原 実春（3年）［電子制御工学科］
担当教員：今井 慎一［電子制御工学科］

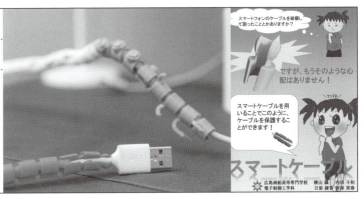

30 | 弓削商船高専

スマホ用小指プロテクター

PINKIE PROTECTOR

◎岡田 一真／長津 弥沙樹［電子機械工学科5年］／越智 桃夏［商船学科3年］
担当教員：瀬濤 善信［電子機械工学科］

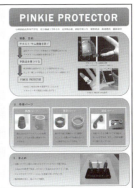

141

本選20作品

31｜有明高専

固定具

基盤固定用小型VSA

◎上田 陸／片山 徹也／松野 智弘／
中村 太郎［機械工学科5年］
担当教員：明石 剛二［機械工学科］

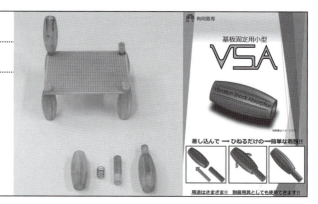

33｜北九州高専（B）

ケーブル巻き取り器

マルチケーブルストッカー

高住 直弥（5年）／◎立石 浩美／山本 弘朗
（4年）［電子制御工学科］／岩丸慎平／
新木 亨拓［制御情報工学科4年］
担当教員：寺井 久宣［知能ロボットシステムコース］

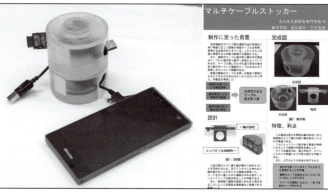

34｜沖縄高専

マイコンケース

Jeune fille

◎城田 璃々／徳田 千秋／
知名 紗也加／宮里 望／仲里 李乃
［情報通信システム工学科2年］
担当教員：神里 志穂子［情報通信システム工学科］

36｜東京都産業技術立高専（B）

スピーカー

iCustom

◎鷹野 直斗／小山 浩一郎［生産システム工学コース4年］
担当教員：三隅 雅彦［生産システム工学コース］

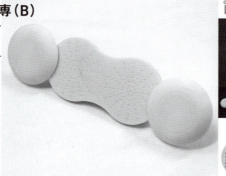
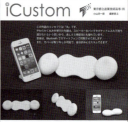

審査委員紹介

審査委員長
田中 浩也
（たなか ひろや）
慶應義塾大学 准教授

1975年	北海道札幌市生まれ
1998年	京都大学総合人間学部基礎科学科卒業
2000年	同大学院人間環境学研究科修士課程修了
2003年	東京大学大学院工学系研究科 社会基盤工学専攻博士課程修了 京都大学情報学研究科　COE研究員
2005年	慶應義塾大学環境情報学部　専任講師
2008年	慶應義塾大学環境情報学部　准教授
2010年	マサチューセッツ工科大学 建築学部 客員研究員（アメリカ合衆国）
2011年	「ファブラボ鎌倉（FabLab Kamakura）」設立
2012年	慶應義塾大学SFC研究所 「ソーシャルファブリケーションラボ」設立

主な活動
市民包摂型ものづくり施設「ファブラボ（FabLab）」の日本における発起人であり、デジタルファブリケーションの可能性を「技術」と「社会」の両面から研究・実践している。第9回世界ファブラボ会議（横浜）実行委員長（2013年）、経済産業省「フロンティアメイカーズ育成事業」プロジェクトマネージャ（2014年）、総務省「ファブ社会の基盤設計に関する検討会」座長（2015年）などを歴任。2015年より文部科学省COI「感性とデジタル製造を直結し、生活者の創造性を拡張するファブ地球社会創造拠点」慶應グループ研究リーダー

主な共著書
『FabLife　デジタルファブリケーションから生まれる「つくりかたの未来」』（2012年、オライリージャパン）、『FABに何が可能か「つくりながら生きる」21世紀の野生の思考』（共編著、2013年、フィルムアート社）、『SFを実現する——3Dプリンタの想像力』（2014年、「講談社現代新書」講談社）など

主な受賞
文部科学省科学技術・学術政策研究所　科学技術への顕著な貢献「ナイスステップな研究者」賞（2013年）など

原 雄司
（はら ゆうじ）
ケイズデザインラボ　代表取締役、
慶應義塾大学SFC研究所
研究所員／アドバイザー

1966年	東京都生まれ
1985年	大手通信機メーカー入社　試作現場に配属
1987年	東京理科大学工学部二部経営工学科中退
1991-2005年	切削金型用3次元CAD／CAMメーカーに在籍。格闘家として活動する傍ら、同社の開発責任者、子会社社長、IR担当などを歴任
2006年	関東物産に入社　同社の子会社として 株式会社ケイズデザインラボを設立
2014年	CCC、amanaと3社による 3D事業の業務提携を開始

主な作品
主な考案作品に、「切削RP」（2004年-）、「デジタルシボ®」（2010年）、「D3テクスチャー®」（「2012年度東京都ベンチャー技術大賞」奨励賞、2010年）など
主な開発協力作品に、D3テクスチャー®を採用したiPhoneケース「次元」（トリニティ、2012年-）、修正テープ「モノエルゴ」（トンボ鉛筆、産学協同研究、2013年、2013年度レッドドット賞）、フル3Dデジタルで製作した「WRX STI」PV撮影用ラジコンカー（富士重工業、2014年）など

主な活動
「アナログとデジタル融合で世界を変える！」を掲げ、企業プロジェクト、デザイン、アート、医療、エンターテインメントまで、長年の経験をもとに分野を横断した3Dデジタルものづくりを提案している。2015年経済産業省「3Dプリンタ等による新たなものづくりの健全な発展に向けた委員会」、総務省「『ファブ社会』の展望に関する検討会」ゲストスピーカー

主な共著書
『3Dプリンター——デスクトップが工房になる』（共著、2013年、インプレスムック、インプレスジャパン）、『3Dプリンター導入＆制作完全活用ガイド』（2014年、技術評論社）『不可能を可能にする——3Dプリンター×3Dスキャナーの新時代』（2014年、日経BP社）など

その他の主な受賞
「東京都ベンチャー技術大賞」奨励賞（2012年）など

門田 和雄
（かどた かずお）
機械技術分野教育者、
宮城教育大学　准教授

1968年	神奈川県大和市生まれ
1991年	東京学芸大学教育学部 中等教育教員養成課程技術科卒業
1993年	同大学院教育学研究科 技術教育専攻修士課程修了
1993-2014年	東京工業大学附属科学技術高等学校教諭
2010年	東京工業大学大学院総合理工学研究科 メカノマイクロ工学専攻博士課程修了 博士（工学）取得
2013年	ファブラボ関内　ディレクター
2014年	宮城教育大学教育学部 技術教育講座　准教授

主な活動
機械技術教育の実践と研究を柱として、ロボット、ねじ、3Dなどに関する活動に幅広く取り組む。FabLab Japan Networkの一員としてFabLabの活動に参加、FabLab Kannai（ファブラボ関内）の立ち上げに関わる

主な共編著書
『トコトンやさしいねじの本』（2010年）、『トコトンやさしい歯車の本』（2013年）、『3Dプリンタではじめるデジタルものづくり』（2013年、以上、日刊工業新聞社）、『FABに何が可能か「つくりながら生きる」21世紀の野生の思考』（共編著、2013年、フィルムアート社）、『門田先生の3Dプリンタ入門』（2015年、「講談社ブルーバックス」講談社）など

主な受賞
日本機械学会教育賞（2008年）、日本フルードパワーシステム学会SMC賞（2010年）など

審査委員紹介

瀧田 佐登子
（たきた さとこ）
Mozilla Japan　代表理事

1963年	鳥取県鳥取市生まれ
1986年	明星大学理工学部化学科卒業 旧・日電東芝情報システムに システムエンジニアとして入社
1991-96年	富士ゼロックス情報システム、東芝などで、 UNIX・インターネット事業に従事
1996年	アメリカ合衆国Netscapeの 日本法人に入社。直後に渡米し、 現地開発現場で「I18N/L10N」 開発担当プロダクトマネージャとして ブラウザの国際化・日本語化に携わる
1998年	同社のソースコード公開 「オープンソース化」を開発者の 一人として体験
2001年	同社日本法人の撤退後、 AOL/Netscape USと契約し、 プロダクトマーケティングマネージャ として、金融機関サポートや ブラウザ依存性調査/ Web標準化推進活動を行なう
2004年	非営利の一般社団法人 Mozilla Japanを設立
2006年7月	同法人代表理事に就任
2007年	慶應義塾大学環境情報学部　非常勤講師
2009年	中央大学理工学部理工学研究科 兼任講師

主な活動
市民包摂型ものづくり施設「ファブラボ（FabLab）」の日本における発起人であり、デジタルファブリケーションの可能性を「技術」と「社会」の両面から研究・実践している。第9回世界ファブラボ会議（横浜）実行委員長（2013年）、経済産業省「フロンティアメイカーズ育成事業」プロジェクトマネージャー（2014年）、総務省「ファブ社会の基盤設計に関する検討会」座長（2015年）などを歴任。2015年より文部科学省COI「感性とデジタル製造を直結し、生活者の創造性を拡張するファブ地球社会創造拠点」慶應グループ研究リーダー

主な共著書
『FabLife　デジタルファブリケーションから生まれる「つくりかたの未来」』（2012年、オライリージャパン）、『FABに何が可能か 「つくりながら生きる」21世紀の野生の思考』（共編著、2013年、フィルムアート社）、『SFを実現する──3Dプリンタの想像力』（2014年、「講談社現代新書」講談社）など

主な受賞
文部科学省科学技術・学術政策研究所　科学技術への顕著な貢献「ナイスステップな研究者」賞（2013年）など

齊藤 正美
（さいとう まさみ）
全国高等専門学校連合会デザコン
専門部会　部会長、
米子工業高等専門学校　校長

1947年	福井県大野市生まれ
1968年	鈴鹿工業高等専門学校機械工学科卒業
1970年	山梨大学工学部機械工学科卒業
1972年	名古屋大学大学院工学研究科 機械工学専攻修士課程修了 東京芝浦電機（現・東芝）入社 生産技術研究所に配属
1993-2010年	鈴鹿工業高等専門学校 電子情報工学科　教授
2010年	米子工業高等専門学校　校長 一般社団法人全国高等専門学校 連合会デザコン専門部会　部会長

主な活動
東芝では主に「ウラン濃縮装置」の研究開発に従事。鈴鹿高専では工学教育に携わりながら「塑性加工の理論と技術」「バイオメカニクス」「人間医工学」の研究に従事。その傍ら、学校運営やロボコン指導、産学官連携活動、経産省・文科省の技術人材育成事業などに携わる

主な共著書、論文
『スピニング加工技術』（1984年、日刊工業新聞社）、『もの作り不思議百科』（1992年、コロナ社）、『基礎塑性加工学』（1995年、森北出版）など
「円筒しごき加工を中心とする塑性加工技術と理論」「筋収縮／骨格筋制御システム」に関する研究論文を国内外誌に掲載

主な受賞
東芝では「ウラン濃縮装置の開発」により社長賞（1987年）、「高専の技術者教育・産学連携活動等の充実と発展」により独立行政法人国立高等専門学校機構理事長賞（2008年）など

伊藤 早直
（いとう はやなお）
経済産業省　職員

	岩手県盛岡市生まれ
1994年4月	通商産業省（現・経済産業省）に入省
2014年7月	経済産業省素形材産業室に在籍

主な活動
次世代型産業用3Dプリンタ技術の開発を進めている国プロジェクトを担当

付篇 Appendix

デザコン 2015

Contents

開会式
特別講演会
学生交流会
表彰式・閉会式
大会スケジュールと会場
応募状況

過去の受賞作品(2004-2014)
デザコンとは？
デザコンの歴史

開会式

デザコン2015 in 紀の国わかやま
日時＝2015年11月14日(土)11：00～11：20
会場＝和歌山県民文化会館　大ホール

デザコン2015　AMデザイン部門夏大会
日時＝2015年8月26日(水)13：00～13：10
会場＝東北大学　川内北キャンパス　講義棟C棟2階C200

特別講演会

演題	「稲むらの火 ──濱口梧陵の危機管理は人間愛」
講師	﨑山　光一　「稲むらの火の館」館長
日時	2015年11月14日(土)11：30～12：15
会場	和歌山県民文化会館　大ホール
入場料	無料
定員	2,000人(当日先着順)
主旨	講師は、安政南海地震の際、稲むらに火を放ち、津波から村人の命を救った濱口梧陵の功績と教訓を後世に語り継ぐ語り部として知られ、現在、「稲むらの火の館」館長として活躍している。本講演では、濱口梧陵の偉業を現在の若者たちにどのように継承しているか、また将来、エンジニアをめざす学生たちにどのような精神で技術開発に臨むべきかについて濱口梧陵の功績とともに紹介。

講師プロフィール＝
(さきやま　こういち)
1972年4月　　広川町教育委員会へ就職
1978年　　　　和歌山県教育委員会製作映画『稲むらの火』企画委員
1984年6月　　広川町教育委員会退職
2003年度　　　広川町中央公民館「語り部養成講座」講師
2004年4月　　「広川町語り部サークル」結成、代表に就任
2012年11月　　内閣府主催「津波防災の日講演会」で講演
2013年11月　　和歌山県主催「津波防災の日講演会」で講演
2014年4月　　「稲むらの火の館」館長に就任

学生交流会

日時＝2015年11月14日(土)18：30～19：30
会場＝アバローム紀の国　3階

表彰式・閉会式

「デザコン2015 in 紀の国わかやま」
日時　2015年11月15日（日）
　　　15：00～16：00
会場　和歌山県民文化会館　大ホール
表彰　［空間デザイン部門］
　　　最優秀賞（日本建築家協会会長賞）：
　　　賞状＋盾＋副賞
　　　熊本高専（八代）
　　　かしこみ　かしこみ　水神様
　　　優秀賞：賞状＋盾＋副賞
　　　有明高専　つなぐおもてなし ──都会の道の駅
　　　釧路高専　道の駅・汽車の駅・川の駅 とうろ
　　　審査委員特別賞：賞状＋副賞
　　　舞鶴高専　Bicycle Station ──自転車がつなぐ地域の未来
　　　米子高専　ダイコン発 なかうみらいん
　　　石川高専　Portal ──塔がつなぐ八の端初

　　　［構造デザイン部門］
　　　最優秀賞（国土交通大臣賞）：賞状＋盾＋副賞
　　　米子高専　叶和夢
　　　優秀賞：賞状＋盾＋副賞
　　　徳山高専　織月
　　　徳山高専　美環
　　　日刊建設工業新聞社賞：賞状＋盾＋副賞
　　　新居浜高専　銅夢橋
　　　審査委員特別賞：賞状＋副賞
　　　舞鶴高専　バケモノの弧
　　　小山高専　Reinforce FRAME
　　　都城高専　MIYAMA

　　　［創造デザイン部門］
　　　最優秀賞（文部科学大臣賞）：賞状＋盾＋副賞
　　　明石高専　酒蔵を守り、酒蔵に守られる
　　　優秀賞：賞状＋盾＋副賞
　　　米子高専　人は城！人は石垣！人は堀!!
　　　仙台高専（名取）　祭りで地域強靭化、参加で住民協人化
　　　審査委員特別賞：賞状＋副賞
　　　明石高専　今日から君も「おはしも」ファイターだ!!
　　　和歌山高専　Challenge by rain water ──人を守る雨水

　　　［AMデザイン部門秋大会］
　　　最優秀賞：賞状＋盾＋副賞
　　　沼津高専　Swallow Hornet
　　　優秀賞：賞状＋盾＋副賞
　　　一関高専　TSUBAME
　　　呉高専　ARATA号
　　　審査委員特別賞：賞状＋副賞
　　　旭川高専　鳳
　　　和歌山高専　S-3KT

「デザコン2015　AMデザイン部門夏大会」
日時　2015年8月26日（水）18：00～18：15
会場　東北大学　川内北キャンパス
　　　講義棟C棟2階C200
表彰　最優秀賞：賞状＋盾＋副賞
　　　東京都立産業技術高専（A）　パチッとシステム
　　　優秀賞：賞状＋盾＋副賞
　　　木更津高専（A）　電脳トマト
　　　特別賞：賞状
　　　八戸高専（B）　高血圧予防スマートグリップ
　　　鶴岡高専（B）　晴山水
　　　岐阜高専　スマホケース〈奏〉
　　　奨励賞：賞状
　　　函館高専（A）　by 3Digitizing（mimi）
　　　八戸高専（A）　Helen（Help English Manual Alphabet）
　　　秋田高専（A）　SMART HEAT
　　　鶴岡高専（A）　Jig Sounds
　　　北九州高専（A）　BattleBot（バトルボット）

デザコン2015 大会スケジュールと会場

デザコン2015 in 紀の国わかやま 大会スケジュール

11月14日(土)

時間	空間デザイン部門	構造デザイン部門	創造デザイン部門	AMデザイン部門秋大会
9:30	受付[9:30-11:00]			受付／仕様確認[9:30-11:00]
11:00	開会式[11:00-11:20]			
11:30	特別講演会[11:30-12:15]			
12:15	オリエンテーション[12:15-12:45]	昼食[12:15-13:00]	昼食[12:15-13:00]	オリエンテーション[12:15-13:00]
12:45	昼食[12:45-13:30]			
13:00		オリエンテーション[13:00-13:30]	オリエンテーション[13:00-13:30]	昼食[13:00-13:30]
13:30	ポスターセッション[13:30-17:00]	仕様確認[13:30-15:00]	プレゼンテーション[13:30-17:00]	プレゼンテーション／仕様確認[13:30-15:10]
15:00		審査員審査[15:00-17:00]		ポスターセッション／飛行練習[15:20-17:00]
17:00	移動			
18:30	学生交流会[18:30-19:30]、情報交換会[18:30-20:30]【会場:アバローム紀の国】			
20:30				

11月15日(日)

時間	空間デザイン部門	構造デザイン部門	創造デザイン部門	AMデザイン部門秋大会
8:45		オリエンテーション[8:45-9:00]		
9:00	プレゼンテーション[9:00-12:00]	載荷競技[9:00-13:00]	ポスターセッション[9:00-12:00]	飛行競技[9:00-12:45]
12:00	昼食[12:00-13:00]		昼食[12:00-13:00]	
13:00	公開審査[13:00-14:00]	昼食[13:00-14:00]	公開審査[13:00-14:00]	昼食[12:45-13:45]
14:00		講評[14:00-14:45]		審査／集計／講評[13:45-14:30]
15:00	表彰式・閉会式[15:00-16:00]			

会場案内図
(和歌山県民文化会館)

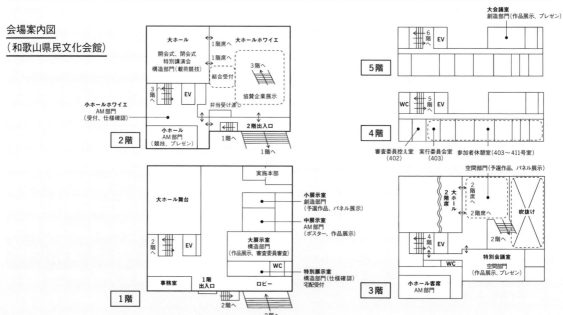

デザコン2015　AMデザイン部門夏大会　大会スケジュール

8月26日(水)

時　間	プレゼンテーション会場（C200）	展示会場（C201、C206）
13：00-13：10	開会式	ポスターおよび作品展示
13：10-14：40	プレゼンテーション審査（4分×18チーム）	
14：40-14：50	休　憩	
14：50-16：20	プレゼンテーション審査（4分×18チーム）	
16：20-16：50		展示審査
16：50-17：15	集計作業	ポスターおよび作品展示
17：15-18：00	公開審査	
18：00-18：15	表彰式・閉会式	

＊当日、審査委員団からの提案で、急遽公開審査が入り、以降のスケジュールがくり延べになった

会場案内図（東北大学 川内北キャンパス　講義棟C棟2階）

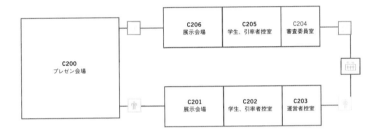

デザコン2015 in 紀の国わかやま＋AMデザイン部門夏大会　応募状況

地区等		高専名(キャンパス名)	空間デザイン部門		構造デザイン部門	創造デザイン部門		AMデザイン部門(秋)		AMデザイン部門(夏)	
			予選	本選		予選	本選	書類審査	本選	予選	本選
国立	北海道	函館高専								2	2
		苫小牧高専			1			1	1		
		釧路高専	3	1	1	1		1	1		
		旭川高専						1	1		
	東北	八戸高専			2					2	2
		一関高専						1	1		
		仙台高専(広瀬)								2	2
		仙台高専(名取)	12	1	2	1	1			2	2
		秋田高専	1		1					2	2
		鶴岡高専								2	2
		福島高専	1		2					2	2
	関東信越	茨城高専								2	2
		小山高専	4		1						
		群馬高専			2			1	1	1	1
		木更津高専								2	2
		東京高専									
		長岡高専	1		2						
		長野高専	1		2			1	1	1	1
	東海北陸	富山高専(本郷)									
		富山高専(射水)									
		石川高専	6	2	2	1		1	1	2	2
		福井高専	1		1					1	1
		岐阜高専	3		1			1	1	1	1
		沼津高専						1	1	2	2
		豊田高専	3		1						
		鳥羽商船高専									
		鈴鹿高専	2		1			1	1		
	近畿	舞鶴高専	4	1	2	1					
		明石高専	48	2		3	3	1	1		
		奈良高専									
		和歌山高専			2	3	2	1	1		
	中国	米子高専	8	1	2	1	1			1	
		松江高専	1		2						
		津山高専						1	1		
		広島商船高専								1	1
		呉高専	4	1	2			1	1	1	1
		徳山高専	4		2	1	1	1	1		
		宇部高専									
		大島商船高専									
	四国	阿南高専			2	6	2	1	1		
		香川高専(高松)			2						
		香川高専(詫間)									
		新居浜高専			2			1	1		
		弓削商船高専						1	1	1	1
		高知高専			1			1	1		
	九州沖縄	久留米高専									
		有明高専	4	1	1			1	1	1	1
		北九州高専			1			1	1	2	2
		佐世保高専									
		熊本高専(八代)	13	2	1						
		熊本高専(熊本)									
		大分高専	2								
		都城高専			1						
		鹿児島高専						1	1		
		沖縄高専								1	1
公立		東京都立産業技術高専(品川)								2	2
		東京都立産業技術高専(荒川)									
		大阪府立大学高専	8		2	3		1	1		
		神戸市立高専			2			1	1		
私立		サレジオ高専	2		1	3					
		金沢高専	1		1	2		1	1		
		近畿大学高専	2		2						
		合計作品数	139	12	55	26	10	25	25	36	35
備考		参加学生数(延べ人数)	331	33	279	82	31	92	92	143	139
		学校数(延べ学校数)	25	9	35	12	6	25	25	22	21
		参加学校数合計					50				

過去の受賞作品（2004-2014）

＊高専名などは、大会開催当時のもの
＊大会名は開催当時のもの。現在の部門の前身となる大会も含む
＊受賞作品は、「高専名（キャンパス名） 作品名」で表示

全国高等専門学校デザインコンペティション

■第1回　2004年石川大会
（主管校：石川高専）
◆ワークショップ部門
●「地域交流シンポジウム」セッション
テーマ「まちづくりへのチャレンジ」
審査委員：桜井康宏
＜優秀賞＞
豊田高専　ひまわり畑をつくろう2003──豊田市域の大学生によるまちづくり事業
徳山高専　徳山高専夢広場
有明高専　八女の力
小山高専　わらの家
福島高専　まちを探索すると見えてくるユニバーサルデザイン
米子高専　再生寫眞
呉高専　高齢者と学生によるまちづくりin呉
＜奨励賞＞
石川高専　シビックキャンパス・プロジェクト
明石高専　加古川本町まちづくり──なつかしい町は元気になる!!
●「ものづくりワークショップ」セッション
テーマ「座ってまちをみつける場所」
審査委員：鈴木時秀ほか15人
＜最優秀賞＞
徳山高専　座ってまちをみつける場所
＜佳作＞
岐阜高専　ブレケツ
石川高専　いつもと違う角度で触れ合ってみたいと思いませんか
明石高専　Bloom
米子高専　上を向いて座ろう
呉高専　ベンチ──動き
八代高専　雪吊り物語
◆設計競技部門
●「木造住宅デザインコンペティション」セッション
テーマ「帰りたくなる家」
審査委員：熊谷昌彦ほか9人
＜最優秀賞＞
米子高専　味噌汁の家
＜優秀賞＞
明石高専　おいしいごはん生活
石川高専　HOUSE×SPACE×HOUSE
●「複合住宅デザインコンペティション」セッション
テーマ「まち暮らしを楽しむための複合住居」
審査委員：妹島和世
＜最優秀賞＞
小山高専　思凡cafe
＜優秀賞＞
石川高専　M-GATE
呉高専　CONNECT
●「構造デザインコンペティション」セッション

テーマ「ブリッジコンテスト」
審査委員：小堀為雄ほか18人
＜グランプリ（文部科学大臣賞）＞
豊田高専　Simplest──Sunrise
＜競技＞
1位：呉高専　U-18呉代表
2位：松江高専　テトラクインテット
3位：米子高専　S.E.S
＜アイデア賞＞
豊田高専　Simplest──Sunrise

■第2回　2005年明石大会
（主管校：明石高専）
メインテーマ「復興＋共生」
●プロポーザルコンペティション
テーマ「癒しの避難所シェルター」
審査委員：室崎益輝ほか1人
＜最優秀賞（明石市長賞）＞
豊田高専　IMAGINATION
＜優秀賞＞
豊田高専　TANE
明石高専　間
●構造デザインコンペティション
テーマ「ブリッジコンテスト」
審査委員：中島正愛ほか1人
＜最優秀賞（文部科学大臣賞）＞
豊田高専　すけあり〜橋──Parabola Arch
＜優秀賞＞
松江高専　霞──KASUMI
米子高専　サンキューTOKYO！サヨナラYONAGO
●環境デザインコンペティション
テーマ「水辺の共生空間」
審査委員：篠原修ほか2人
＜最優秀賞（兵庫県知事賞）＞
豊田高専　水−解放
＜優秀賞＞
石川高専　志雄取り出しエリア──SHIO TORIDASHI AREA
明石高専　border wall
＜会場審査賞＞
豊田高専　水−解放

■第3回　2006年都城大会
（主管校：都城高専）
メインテーマ「生活環境関連のデザイン」
●プロポーザルコンペティション
テーマ「商店街のマスカレード」
審査委員：有馬孝禮ほか2人
＜最優秀賞（都城市長賞）＞

明石高専　すぎ風呂っく（あしゆ）
＜優秀賞＞
サレジオ高専　光Hikari
都城高専　和飾──チラリズムとの融合
＜会場審査賞＞
有明高専　ばったりまったり
豊田高専　マチレゴ
●構造デザインコンペティション
テーマ「ブリッジコンテスト」
審査委員：加藤史郎ほか2人
＜最優秀賞（文部科学大臣賞）＞
新居浜高専　Marvel of Art
＜優秀賞＞
松江高専　大蛇──OROCHI
米子高専　砂丘と大山と汗とペダルと
＜特別賞（日刊建設工業新聞社賞）＞
松江高専　大蛇──OROCHI
●環境デザインコンペティション
テーマ「山あいの生きられる空間」
審査委員：竹下輝和ほか1人
＜最優秀賞（宮崎県知事賞）＞
明石高専　山あいの多目的教室
＜優秀賞＞
呉高専　Living with Fields
明石高専　みんなの庭道

■第4回　2007年周南大会
（主管校：徳山高専）
メインテーマ「つながり──頭の中は、宇宙（ソラ）より広い」
●空間デザインコンペティション
テーマ「新まちなか居住施設──とぎれた『つながり』をとりもどす」
審査委員：重村力ほか2人
＜最優秀賞（山口県知事賞）＞
米子高専　もうひとつのまち
＜優秀賞＞
明石高専　住居のFRAGMENTS
米子高専　まちリビング──アクションスタディによるつながりの再生
＜審査委員特別賞＞
小山高専　THE PARK
＜会場審査賞＞
岐阜高専　学びの森
●ものづくりコンペティション
テーマ「『ひと』と動物の『つながり』が見える動物園ファニチャー」
審査委員：内田文雄
＜最優秀賞（周南市長賞）＞
米子高専　play＊search
＜優秀賞＞

（日刊建設工業新聞社賞）　都城高専　primitive
豊田高専　Marking Another Animals
＜審査委員特別賞＞
（デザイン賞）　米子高専　カク・レン・Board
（技術賞）　徳山高専　アニ＝スタ（アニマル＝スタンド）
（アイデア賞）　明石高専　くるりん
●構造デザインコンペティション
テーマ「ブリッジコンテスト」
審査委員：長井正嗣ほか3人
＜最優秀賞（文部科学大臣賞）＞
米子高専　オリガネ、米子ブリッジ
＜優秀賞＞
松江高専　スサノオ、ブリッジ・ヘキサゴン
和歌山高専　ステンレスモンスター、パスタモンスター
＜審査委員特別賞＞
（構造賞）　松江高専　スサノオ
（Gold Coast Prize）　米子高専　米子ブリッジ
（デザイン賞）　釧路高専　トルデラート
●環境デザインコンペティション
テーマ「みちのあかり——LED de Eco Road」
審査委員：牛山泉ほか3人
＜最優秀賞（国土交通大臣賞）＞
松江高専　世界遺産「石見銀山街道」を照らすLEDラトウ
＜優秀賞＞
豊田高専　そふぁみれどーろ
徳山高専　Pole Signal
＜審査委員特別賞＞
（デザイン賞）　呉高専　シロシマの夜に咲くタンポポ
（アイデア賞）　米子高専　照ル照ルボード——ヒト×オト×ヒカリ

■第5回　2008年高松大会
（主管校：高松高専）
メインテーマ「共生と再生」
●空間デザインコンペティション
テーマ「中心街再生のための交流拠点の提案」
審査委員：佐藤滋ほか2人
＜最優秀賞（香川県知事賞）＞
米子高専　でこぼこうじ——凸凹＋小路
＜優秀賞＞
岐阜高専　START FROM JOB STATION
明石高専　森のマーケット
＜審査委員特別賞＞
（デザイン賞）　小山高専　祇園通り商店街
（アイデア賞）　米子高専　エネルギー・ステーション——後世に残したい車社会
●構造デザインコンペティション
テーマ「ブリッジコンテスト」
審査委員：加藤史郎ほか2人
＜最優秀賞（文部科学大臣賞）＞
米子高専　（静的耐力）vvp（ゴール：橋）、（傾斜耐力）Simple Canti
＜優秀賞＞
大阪府立大学高専　（静的耐力）Reverse arch Bridge、（傾斜耐力）橋下郷
福井高専　（静的耐力）Sharp!、（傾斜耐力）OVER THE RAINBOW
＜審査委員特別賞＞
（構造賞）　福井高専　（静的耐力）Sharp!
（デザイン賞）　大阪府立大学高専　（傾斜耐力）

橋下郷
＜日刊建設工業新聞社賞＞
秋田高専　（静的耐力）LE PONT DU BEC
●環境デザインコンペティション
テーマ「郷土再生と環境保全の両立」
審査委員：大橋昌良ほか2人
＜最優秀賞（国土交通大臣賞）＞
明石高専　あっ地　こっ地　しっ地　ぱっ地　わーく
＜優秀賞＞
明石高専　ため池にチナンパを作ろう
米子高専　季の彩——大地に広がる万華鏡
＜審査委員特別賞＞
（デザイン賞）　豊田高専　みそにこみ
（アイデア賞）　豊田高専　うまれかわるまち
●ものづくりコンペティション
テーマ「地域と人間の共生に向けて」
審査委員：福田知弘ほか4人
＜最優秀賞（高松市長賞）＞
サレジオ高専　Town's Heart
＜優秀賞＞
米子高専　オーシャンパシフィックピース2008
米子高専　Reincarnation
＜審査委員特別賞＞
（アイデア賞）　宮城高専　伝灯

■第6回　2009年豊田大会
（主管校：豊田高専）
メインテーマ「やさしさ」
●空間デザインコンペティション
テーマ「景観と人にやさしい住まい」
審査委員：竹原義二ほか2人
＜最優秀賞（愛知県知事賞）＞
米子高専　境界線からボリュームへ——郊外進行形の保存
＜優秀賞＞
明石高専　Edible Façade
小山高専　床のち庭　ときどき田んぼ。
＜審査委員特別賞＞
豊田高専　築く家——築かれる風景
有明高専　帰路
●構造デザインコンペティション
テーマ「3点支持ブリッジコンテスト」
審査委員：長井正嗣ほか2人
＜最優秀賞（文部科学大臣賞）＞
米子高専　極
＜優秀賞＞
新居浜高専　デルタブリッジ
豊田高専　No, モーメント　Yes, 軸力!
＜審査委員特別賞＞
石川高専　YUKI'TREE
呉高専　三3（きゅーびっく・すりー）
＜日刊建設工業新聞社賞＞
福島高専　Rock Bridge
●環境デザインコンペティション
テーマ「環境にやさしい水質浄化コンテスト」
審査委員：大東憲二ほか2人
＜最優秀賞（国土交通大臣賞）＞
八戸高専　おんでやんせ八戸
＜優秀賞＞
和歌山高専　意外と濾すんで酢（イガイトコスンデス）
米子高専　バグフィルターZERO
＜審査委員特別賞＞
明石高専　はなさか装置

米子高専　卵について本気出して考えてみた——活性炭に下克上!
●ものづくりコンペティション
テーマ「国産材でつくる遊具」
審査委員：稲本正ほか2人
＜最優秀賞（豊田市長賞）＞
豊田高専　ツナガハコ
＜優秀賞＞
サレジオ高専　地球危機一髪
豊田高専　エコツリー
＜審査委員特別賞＞
石川高専　SCHOOL OF FISH
都城高専　ランダとフウガ

■第7回　2010年八戸大会
（主管校：八戸高専）
メインテーマ「もったいない」
●空間デザインコンペティション
テーマ「未来の世界のエコ型リビング」
審査委員：野沢正光ほか2人
＜最優秀賞（青森県知事賞）＞
明石高専　おっきいゆか
＜優秀賞＞
小山高専　MACHINAKA LIVING
明石高専　ちくたく
＜審査委員特別賞＞
小山高専　繋がりの丘
呉高専　MINI LIFE
●構造デザインコンペティション
テーマ「どこでもブリッジ」
審査委員：山田聖志ほか2人
＜最優秀賞（国土交通大臣賞）＞
新居浜高専　BB（Beautiful Bridge）
＜優秀賞＞
米子高専　SAP5
和歌山高専　技
＜審査委員特別賞＞
徳山高専　らち☆すた
金沢高専　D・ブリッジ
＜日刊建設工業新聞社賞＞
石川高専　てら・つながる
●環境デザインコンペティション
テーマ「エコKnowledgeを未来へ」
審査委員：石田秀輝ほか2人
＜最優秀賞（文部科学大臣賞）＞
米子高専　ANAGRAMオモイデノコウカン
＜優秀賞＞
鹿児島高専　焼酎蒸留粕を用いた多機能エコポット
呉高専　段暖——瀬戸の知恵
＜審査委員特別賞＞
八戸高専　BEST SENSE——だぐめぐ
徳山高専　生活排水で発電——明かりをつけちゃろう!
●ものづくりコンペティション
テーマ「日用品のuniversal design」
審査委員：渡邉政嘉ほか2人
＜最優秀賞（八戸市長賞）＞
豊田高専　よりどころ
＜優秀賞＞
サレジオ高専　flamo
サレジオ高専　PUNK
＜審査委員特別賞＞
阿南高専　ぽたっち

明石高専　colorful wall──何でも、誰でも、どこにでも

■第8回　2011年北海道大会
（主管校：釧路高専）
メインテーマ「ひらく」
◉空間デザインコンペティション
テーマ「地域にひらかれたサテライトキャンパス」
審査委員：斉藤浩二ほか2人
＜最優秀賞（北海道知事賞）＞
明石高専　LAVARATORY──local foothold
＜優秀賞＞
豊田高専　壁を開いてみると──地域と高専の交わりの場
呉高専　島・こらぼ──過疎の島と高専生
＜審査委員特別賞＞
米子高専　ひかりキャンパス──世界にひらく
秋田高専　バスで行こう
◉構造デザインコンペティション
テーマ「片持ち構造物の強度コンテスト」
審査委員：長井正嗣ほか2人
＜最優秀賞（国土交通大臣賞）＞
米子高専　北の和
＜優秀賞＞
米子高専　月下美人
新居浜高専　Foxtail
＜審査委員特別賞＞
都城高専　霧島──Kirishima
徳山高専　麒麟
＜日刊建設工業新聞社賞＞
松江高専　非力な長い腕
◉環境デザインコンペティション
テーマ「地場産材を用いたセルフビルドハウス」
審査委員：五十嵐淳ほか2人
＜最優秀賞（文部科学大臣賞）＞
明石高専　デ木ボ木
＜優秀賞＞
舞鶴高専　竹志
徳山高専　灯籠の家
＜審査委員特別賞＞
米子高専　しめり風ノ訪問者
呉高専　練家──瀬戸内にたてるセルフビルドハウス
◉ものづくりコンペティション
テーマ「紙で作る楽器」
審査委員：西川辰美ほか2人
＜最優秀賞（釧路市長賞）＞
サレジオ高専　OPEN TREE
＜優秀賞＞
呉高専　Tongue Box
明石高専　KAIKAする楽器
＜審査委員特別賞＞
釧路高専　アイヌの楽器
明石高専　一年の中で

■第9回　2012年小山大会
（主管校：小山高専）
メインテーマ「デザインが起つ」
◉空間デザインコンペティション
テーマ「EARTHECTURE 天と地の間に」
審査委員：栗生明ほか2人
＜最優秀賞（栃木県知事賞）＞
小山高専　もっと近く、もっと遠く
＜優秀賞＞
米子高専　うつろいの砂
仙台高専（名取）　都市の栖
＜審査委員特別賞＞
明石高専　100年の防波堤
呉高専　Der Wirbel 渦
◉構造デザインコンペティション
テーマ「デザイン・コストに配慮した橋──単純支持橋の軽量化コンテスト」
審査委員：山田聖史ほか2人
＜最優秀賞（国土交通大臣賞）＞
米子高専　ABS47号
＜優秀賞＞
小山高専　Reinforce After
松江高専　アッキー
都城高専　さよならさんかく　またきてしかく
＜審査委員特別賞＞
新居浜高専　SECTOR
米子高専　撫子☆KTN
＜日刊建設工業新聞社賞＞
都城高専　大の字
◉環境デザインコンペティション
テーマ「身近なエネルギーで心豊かな生活環境を」
審査委員：高橋健彦ほか2人
＜最優秀賞（文部科学大臣賞）＞
釧路高専　ふっと＊ほっとらいと
＜優秀賞＞
徳山高専　豪雪地帯の家
石川高専　うみほたる
＜審査委員特別賞＞
阿南高専　波力・風力発電でスマート漁業
呉高専　街角どこでもパラソル
◉ものづくりコンペティション
テーマ「元気にさせる地域特産おもちゃ」
審査委員：福田哲夫ほか2人
＜最優秀賞（小山市長賞）＞
サレジオ高専　江戸線香
＜優秀賞＞
豊田高専　願いまして、四目並べ。
釧路高専　サバクラアニマル
＜審査委員特別賞＞
明石高専　NASCER
木更津高専　落花生割りコロ

■第10回　2013年米子大会
（主管校：米子高専）
メインテーマ「かえる」
◉空間デザイン部門
テーマ「未来の町屋商店街」
審査委員：貝島桃代ほか2人
＜最優秀賞（日本建築家協会会長賞）＞
石川高専　Over the Canal　路地と水路のある風景──せせらぎ通り商店街
＜優秀賞＞
米子高専　蔵端コミュニティー
仙台高専（名取）　花火と生きるまち大曲
＜審査委員特別賞＞
米子高専　Rentable=120%
熊本高専（八代）　引出町家
◉構造デザイン部門
テーマ「4点支持構造物の耐荷力コンテスト」
審査委員：丸山久一ほか3人
＜最優秀賞（国土交通大臣賞）＞
米子高専　火神岳の希
＜優秀賞＞
米子高専　阿弥陀川及水澄
小山高専　Reinforce Tristar
＜審査委員特別賞＞
舞鶴高専　橋たちぬ──耐えねば
石川高専　りったいパズル
＜日刊建設工業新聞社賞＞
仙台高専（名取）　上遠野流・手裏剣──よみ「がえる」
◉環境デザイン部門
テーマ「もっと豊かな湯のまち」
審査委員：山崎亮
＜最優秀賞（文部科学大臣賞）＞
釧路・米子・サレジオ高専　日本一友だちの多い街　皆生!へ
＜優秀賞＞
阿南・米子・大阪府立大学高専　ボードウォーク
仙台（名取）・明石・有明高専　松葉ガニが結ぶ地域のつながり
＜審査委員特別賞＞
阿南・石川高専　Try!! Athlon!! 3つの競技で地域こうけん
釧路・阿南高専　高齢促進街
阿南・サレジオ・明石高専　皆生とトモに
◉創造デザイン部門
テーマ「エンジニアリング・デザインを学ぶための子どもワークショップを考える」
審査委員：ムラタチアキほか2人
＜最優秀賞（全国高専連合会会長賞）＞
明石高専　まちカードばとる!!
＜優秀賞＞
釧路高専　Made in earth!（アースバック秘密基地）
米子高専　僕の私の秘密基地をつくっちゃおう!（自分たちだけの秘密基地を作ろう!!）
＜審査委員特別賞＞
呉高専　アーチボックス
サレジオ高専　かさでアート
舞鶴高専　目で見えるようで見えない木（目だけでは見えない木の魅力）

■第11回　2014年熊本大会
（主管校：熊本高専〈八代〉）
メインテーマ「よりそう」
◉空間デザイン部門
テーマ「地域でつくる、人とつくる」
審査委員：伊東豊雄ほか2人
＜最優秀賞（日本建築家協会会長賞）＞
熊本高専（八代）　Orange Och
＜優秀賞＞
石川高専　94日間　1%のはたらき
米子高専　ベタ漕ぎ坂──島根と鳥取をつなぐ架け橋を自転車で走破する
＜審査委員特別賞＞
舞鶴高専　唯一の景色
明石高専　消えゆく十四の集落と育ちゆく十四の思い出
◉構造デザイン部門
テーマ「エネルギータワーコンテスト」
審査委員：斉藤大樹ほか3人
＜最優秀賞（国土交通大臣賞）＞
米子高専　綟摺
＜優秀賞＞
徳山高専　百折不塔

秋田高専　thread
<審査委員特別賞>
八戸高専　馬淵川ノ竹蜻蛉
石川高専　いいがんなっタワー
<日刊建設工業新聞社賞>
米子高専　U-TOWER
●環境デザイン部門
テーマ「水と生きる、水が生きる」

審査委員：木村尚ほか2人
<最優秀賞（文部科学大臣賞）>
サレジオ高専　カワアカシ
<優秀賞>
熊本高専（八代）　水辺の暮らし
熊本高専（八代）　はねやすめ——親水を促す「川の駅」
<審査委員特別賞>

豊田高専　雪の住処——多雪都市における雪箱による雪エネルギー活用
石川高専　潟と人を繋ぐ——内灘役場前『観賞用池』を『ちいさな河北潟』に

3次元ディジタル設計造形コンテスト*1

*1：デザコン2015のAMデザイン部門（秋大会）の前身

■第1回　2008年沼津大会
（主管校：沼津高専）
テーマ「マグネットダーツ発射装置」
審査委員：岸浪建史ほか5人
<優勝>　釧路高専
<準優勝>　一関高専
<3次元設計能力検定協会賞>　長岡高専
<特別賞>
八代高専
長野高専

■第2回　2009年沼津大会
（主管校：沼津高専）
テーマ「マグネットダーツ発射装置」
審査委員：岸浪建史ほか7人
<優勝>　鹿児島高専
<準優勝>　岐阜高専
<3次元設計能力検定協会賞>　釧路高専
<アイデア賞>　函館高専
<特別賞>　茨城高専
<審査委員特別賞>
明石高専
長野高専
沼津高専

■第3回　2010年長野大会
（主管校：長野高専）
テーマ「ビーズ・ポンプ」
審査委員：岸浪建史ほか10人
<優勝>　鹿児島高専
<準優勝>　長岡高専
<第3位>　釧路高専
<第4位>　沼津高専

<第5位>　長野高専
<アイデア賞>
明石高専
苫小牧高専
<特別賞>　一関高専

■第4回　2011年北海道大会
（主管校：釧路高専）*2
テーマ「ビーズ・ポンプ」
審査委員：岸浪建史ほか10人
<優勝>　釧路高専　ぽぽぽポーン・プ
<準優勝>　鹿児島高専　隼人ドルフィン
<第3位>　茨城高専　二刀流Linear Motion Pump
<審査委員特別賞>
群馬高専　赤城颪
徳山高専　はこびにん
<アイデア賞>　一関高専　愛しのジェリー
*2：デザコン2011 in 北海道と同一日開催

■第5回　2012年明石大会
（主管校：明石高専）
テーマ「ポテンシャル・エネルギー・ビークル」
審査委員：岸浪建史ほか7人
<総合優勝>　呉高専
<総合2位>　徳山高専
<総合3位>　茨城高専
<最優秀設計技術賞>　阿南高専
<最優秀製作技術賞>　呉高専
<最優秀ポスター賞>　阿南高専
<最優秀作品賞>　呉高専
<CADコン大賞>　徳山高専

■第6回　2013年米子大会
（主管校：米子高専）*3
テーマ「ポテンシャル・エネルギー・ビークル」
審査委員：岸浪建史ほか2人
<CADコン大賞（国立高専機構理事長賞）>
茨城高専　Push out Machine
<優秀賞>
鹿児島高専　チェストイケ
呉高専　F.O.D.
<審査委員特別賞>
北九州高専　次世代ビークル：MONOWHEEL
熊本高専（八代）　アース・ウィンド・アンド・ファイアー
*3：デザコン2013 in 米子と同一日開催

■第7回　2014年熊本大会
（主管校：熊本高専〈八代〉）*4
テーマ「フライングプレーン」
審査委員：岸浪建史ほか2人
<CADコン大賞（国立高専機構理事長賞）>
苫小牧高専　Jagd Schwalbe
<優秀賞>
阿南高専　ANAなん
鹿児島高専　ひっとべっしー
<審査委員特別賞>
明石高専　たこバトル
旭川高専　ChikaPlaIn
*4：デザコン2013 in やつしろと同一日開催

3Dプリンタ・アイディアコンテスト*5

*5：デザコン2015のAMデザイン部門（夏大会）の前身

■第1回　2014年仙台大会
（主管校：八戸高専、仙台高専）
テーマ「IT関連グッズ」
審査委員：千葉晶彦ほか5人
<最優秀賞>
北九州高専　スマートステッキ
<優秀賞>
石川高専　スタンド型全方位スピーカー
<特別賞>

木更津高専　バーチャルリアリティ脳観察ディスプレイ
仙台高専（広瀬）　Swallowtail Butterfly stand
<奨励賞>
呉高専　アクセサリー型イヤフォン
米子高専　アドフェイン・スタンド
岐阜高専　iヤPhoneケース
秋田高専　マジックフィンガー

デザコンとは？

学生同士が刺激を与え合う機会

　今回で12回目を迎える「全国高等専門学校デザインコンペティション」（通称：デザコン）は、全国の高等専門学校（以下、高専）で競われる体育大会、ロボコン（ロボットコンテスト）、プロコン（プログラムコンテスト）、プレコン（プレゼンテーションコンテスト）と並ぶ、5大大会のうちの1つである。

　デザコンの始まりは、1977年に明石高専と米子高専の建築学科で実施した研究交流シンポジウム「建築シンポジウム」だ。その後、時とともに参加校を増やし、形態を変えながら発展してきた。

　2004年から、デザコンの主催は全国高等専門学校連合会となり、デザインの領域を「人が生きる生活環境を構成するための総合的技術」ととらえ直した。さらに2013年からは、建築・建設系学科という枠を大きく超え、全国の高専の電気系や機械系をはじめ多様な学科の学生が参加できる、専門力（＝専門的な知識や技術）とエンジニアリングデザイン力を育む革新的な大会に生まれ変わった。

　生活環境に関連したさまざまな課題に取り組むことにより、よりよい生活空間について考えて提案する力が学生のなかに育成される。また、各校で養い培われた専門力とエンジニアリングデザイン力をもとに作成した作品で競い合うことにより、普段の学習だけでは得られない、高いレベルの刺激を学生同士で与え合える貴重な機会となっている。

　さらに、デザコンを通して、開催された各地域でのものづくりや科学技術への関心を高め、高専の学生の高い技倆（ぎりょう）を通して、高専がめざす人材育成の成果を社会に示す貴重な機会ともなることが期待されている。

（玉井 孝幸　全国高等専門学校デザインコンペティション専門部会オフィシャルブック担当、米子高専）

デザコンの歴史

「学生相互の研鑽」がデザコンの変わらぬ理念

　デザコンは、1977年に明石高専と米子高専の建築学科による交流会として始まった建築シンポジウムに端を発する。1989年の第13回に呉高専が、1993年の第17回に石川高専が加わり、「四高専建築シンポジウム」として開催されてきた。1993年頃から、学生が主体となって司会や運営を担当するようになり、共通のテーマのもとに発表や意見交換、各校の設計課題を中心に学生生活全般について発表する場となった。

　この「四高専建築シンポジウム」が学生の創造的教育や交流の場として重要な意味をもつことが再認識され、1999年には、全国の高専の建築系学生が参加できる「第1回全国高専建築シンポジウム」を開催。建築家の伊東豊雄を審査委員長に迎え、公開設計競技として米子高専の主催で行なわれた。以後、著名な実務者から直接指導を受けることで、設計教育のさらなる醸成をめざし、小嶋一浩（石川大会）、内藤廣（明石大会）、村上徹（呉大会）、隈研吾（米子大会）を審査委員長に迎え、5回の全国高専建築シンポジウムが開催された。

　2004年からは、デザインの領域を「人が生きる生活環境を構成するための総合的技術」ととらえ直した第1回の「全国高等専門学校デザインコンペティション」（以下、デザコン）として、学科を問わず、より多くの学生が参加できるように、石川高専の主催により企画。31高専から613作品の応募があり、新たなスタートを切ることになった。

　その後デザコンは、明石、都城、徳山、高松、豊田、八戸、釧路、小山の各高専の主管のもと、全国を一巡した。現在の4部門での運営は、徳山高専の主管で開催された第4回周南大会からである。「建築シンポジウム」の形式を踏襲していた「公開設計」（ワークショップ）は、設計部門からものづくりの部門へと移り、第6回豊田大会からは、すべての部門が競技形式に変わった。

　また、2008年から、高専の機械系学科を中心に「高専における設計教育高度化のための産学連携ワークショップ」として「全国高等専門学校3次元ディジタル設計造形コンテスト」（通称：CADコン）がスタート。2011年の釧路大会では、デザコンと同一日に開催した。2013年の米子大会からは、主催は別とするものの、CADコンをデザコンの1部門と同様に考え、共同で実施することとなった（デザコンは一般社団法人全国高等専門学校連合会*1の主催、CADコンは独立行政法人国立高等専門学校機構*2の主催）。加えて、八戸高専を世話校として2014年から、競技主体のCADコンに対してプレゼンテーションを主体とした「3Dプリンタ・アイディアコンテスト」（通称：アイデアコン、独立行政法人国立高等専門学校機構*2の主催）を開催するようになった。この2つの大会は、一方は競技を、他方は提案を主体とする特色をもった大会であったが、同じく3Dプリンタを用いていることから、協議と検討の末、2つの特色を融合した「AM（Additive Manufacturing）デザイン部門」としてデザコンと統合し、エンジニアリングデザイン教育という理念のもと1つの大会として運営することとなった。今年2015年の和歌山大会は、その1回めの大会である。2016年は、AMデザイン部門の夏大会は秋大会に統合される予定だ。

　デザコンの理念は、これまでも、これからも、「学生相互の研鑽・相互理解」であることは間違いない。常にこの原点に立ち返りつつ、新たなデザコンに進化していくように取り組んでいきたい。

（玉井 孝幸　全国高等専門学校デザインコンペティション専門部会オフィシャルブック担当、米子高専）

（文中の人名は、敬称略）

註
*1　一般社団法人全国高等専門学校連合会：国立、公立、私立の高専の連合組織。全国の高専の体育大会やさまざまな文化系クラブ活動の発展を助け、心身ともに健全な学生の育成に寄与することが主な目的。
*2　独立行政法人国立高等専門学校機構：全国の国立高専51校（2016年3月末現在）を設置、運営している。目的は、職業に必要な実践的かつ専門的な知識と技術をもつ創造的な人材を育成するとともに、日本の高等教育の水準の向上と均衡ある発展を図ること。

建築資料研究社／日建学院の出版物

※金額は2016年3月現在の税別本体価格です。

建築基準法関係法令集2016年版　建築資料研究社／日建学院　2800円+税
定評ある「オレンジ本」の横書き版。建築士試験受験用、建築実務用として、また建築法規学習用として最適。

光の教会―安藤忠雄の現場　平松剛　1900円+税
名建築はこうして生まれた。ものづくりに賭けた人々の、苦難と感動の物語。大宅壮一ノンフィクション賞受賞。

五重塔のはなし　濱島正士+坂本功+「五重塔のはなし」編集委員会　1900円+税
現代に生きる伝統建築を、研究者・設計者・施工者らが分かりやすく解き明かす。

図説 日本の住まい―知っておきたい住宅設計の基本　中山章　1500円+税
いま住んでいる家は、どのような歴史を経て今日のような形になったのか。理解のための独自の枠組みを提示。

建築の今―17人の実践と展望　建築の今編集委員会　1900円+税
建築が今直面している問題に対し、第一線で活躍する専門家たちはどのように思考し行動しているのか？

早稲田建築学報（年刊）　早稲田大学建築学専攻/建築学科+早稲田大学建築学研究所　1000円+税
分野横断的な特集掲載のほか、学生の計画・論文優秀作品を紹介し、各研究室の現況を伝える。

建築設計資料（シリーズ全110巻）　3786～3800円+税
現代日本のあらゆるビルディングタイプをカバーし、完全特集形式で豊富な実作例を紹介する代表的シリーズ。

住宅建築（隔月刊誌）　2333円+税
創刊41年、文化としての住まいを考える雑誌。現在、大学研究室のプロジェクト活動を伝える連載を掲載中。

コンフォルト（隔月刊誌）　1714円+税
建築・インテリアから庭・エクステリアまで、デザインと素材を軸に毎号大型特集を組む、ストック型雑誌。

発行：建築資料研究社（出版部）http://www.ksknet.co.jp/book
〒171-0014東京都豊島区池袋2-38-2-4F　Tel:03-3986-3239　Fax:03-3987-3256

建築士資格取得なら、伝統と実績の日建学院へ

開講講座　1級建築士／2級建築士／建築設備士／1級建築施工管理技士／2級建築施工管理技士／1級土木施工管理技士／2級土木施工管理技士／宅建／土地家屋調査士、等　建築・土木・不動産分野を中心に多数開講

合格実績　1級建築士　80,713人　2級建築士　167,960人　[1級建築士の半分以上が日建学院出身者！　※1990～2014年累計　日建学院合格者占有率（全国合格者総数137,093人）**58.9%**]

学生向け[建築士アカデミック講座]全国140校で1500名の学生が受講中

がんばるみんなを、応援する。
がんばったみんなを、記録する。

デザコン2013 in 米子 official book

全国高等専門学校連合会＋
国立高等専門学校機構 編

ロボコンだけじゃない、
高専のアタマとワザ！
空間・構造・環境・創造・CAD、
全部門の競技を完全収録。

定価：本体1600円＋税

せんだいデザインリーグ2015 卒業設計日本一決定戦 official book

仙台建築都市学生会議＋
せんだいメディアテーク 編

建築系学生にとって最大のイベントを、ライブ感そのままに再現。出展全作品とオリジナル講評も収録。

定価：本体1750円＋税

トウキョウ建築コレクション2015 official book

トウキョウ建築コレクション
2015実行委員会 編

建築系修士学生のイベント6日間の全記録。未来の建築への萌芽を読み取ることができる、高密度な一冊。

定価：本体2000円＋税

京都建築スクール2015 リビングシティを構想せよ [公共の場の再編]

京都建築スクール
実行委員会 編著

〈公共〉とは、どういうことか。2050年のわたしたちは、どんな形で〈公共〉を実現するか。

定価：本体1500円＋税

日建学院

お問合せ・資料請求はこちらへ　日建学院コールセンター　フリーコール　0120-243-229
受付／AM10:00〜PM5:00（土・日・祝日は除きます）

http://www.ksknet.co.jp/nikken　株式会社建築資料研究社　東京都豊島区池袋2-50-1

Collaborator:
［全国高等専門学校デザインコンペティション2015 in 紀の国わかやま開催地委員会］
堀江 振一郎（委員長）、中本 純次（副委員長）、辻原 治（実施総括責任者）、樫原 恵蔵（総務委員長）、三岩 敬孝（運営委員長）、濱田 俊彦、古金谷 圭三、早坂 良、小池 信昭、林 和幸、仲 茂也、前田 真、鈴木 春智／空間デザイン部門：伊勢 昇、孝森 洋介／構造デザイン部門：山田 宰、三岩 敬孝／創造デザイン部門：靏巻 峰夫、平野 廣佑／AMデザイン部門（秋大会）：北澤 雅之、山東 篤
撮影協力：嶋田 胡太郎、中出 裕也、宮本 泰成、大和 尚生（写真部学生）［和歌山工業高等専門学校］

［全国高等専門学校デザインコンペティション2015　AMデザイン部門夏大会実行委員会］
委員長：岡田 益男（八戸高専）／副委員長：柴田 尚志（一関高専）、内田 龍男（仙台高専）、米本 年邦（秋田高専）、加藤 靖（鶴岡高専）、中村 隆行（福島高専）／委員：工藤 隆男、矢口 淳一、笹垣 義美（八戸高専）、内海 康雄、伊藤 昌彦、根本 直之（仙台高専）、玉井 孝幸（米子高専）／事務部門：佐藤 勝俊（八戸高専）、八戸高専総務課地域連携係、仙台高専企画室研究支援係

［全国高等専門学校デザインコンペティション専門部会］
齊藤 正美（部会長、米子高専）／空間デザイン部門：道地 慶子（石川高専）、水島 あかね（明石高専、2015年3月迄）／構造デザイン部門：玉田 和也（舞鶴高専）、光井 周平（呉高専）／創造デザイン部門：玉井 孝幸（米子高専）／AMデザイン部門：岸 佐年（長野高専）、多田 博夫（阿南高専）、森下 智博（明石高専）、佐藤 勝俊（八戸高専）／オフィシャルブック担当：玉井 孝幸（米子高専）

［一般社団法人全国高等専門学校連合会］
会長：前野一夫（木更津高専校長）

Editorial Director: 鶴田 真秀子（あとりえP）
Co-Director: 藤田 知史
Art Director & Designer: 武田 康裕、渡辺 えり子（DESIGN CAMP）
Photographer: AMデザイン部門（夏大会）＝越後谷 出／デザコン2015 in 紀の国わかやま（秋大会）＝鈴木 良幸、図師 雅紀、中川 義朗、松原 一、森 勇樹（PHOTOGRAPHY OFFICE エスプロフォト）
Editorial Associates: 髙橋 美樹、戸井 しゅん

Producer: 種橋 恒夫（建築資料研究社）
Publisher: 馬場 栄一（建築資料研究社）

Special thanks to the persons concerned.

デザコン2015 official book
全国高等専門学校デザインコンペティション
in 紀の国わかやま＋AMデザイン部門夏大会

一般社団法人全国高等専門学校連合会 編

2016年4月1日　初版第1刷発行

発行所　　株式会社建築資料研究社
　　　　　〒171-0014　東京都豊島区池袋2-38-2-4F
　　　　　Tel.03-3986-3239　Fax.03-3987-3256
　　　　　http://www.ksknet.co.jp

印刷・製本：大日本印刷株式会社

©一般社団法人全国高等専門学校連合会
2016 Printed in Japan

＊本書の無断複写・複製・転載を禁じます
ISBN978-4-86358-437-2